ACARICIA tus PALABRAS

Esperanza Sebastián

ACARICIA tus PALABRAS

LAS PALABRAS CAMBIAN VIDAS

Título: *ACARICIA TUS PALABRAS*
© 2020, Esperanza Sebastián Lozano

Autoedición y Diseño: 2020, Esperanza Sebastián Lozano

Primera edición: abril de 2020
ISBN-13: 978-84-18213-54-0
Depósito legal: TF 342-2020

*Dedicado a todas las personas que practican
el lenguaje universal del amor, de la alegría,
de la amabilidad, del entusiasmo,
del compromiso, de la tolerancia,
de la solidaridad, de la creatividad,
del esfuerzo, de la valentía,
del coraje...*

ÍNDICE

"Palabras y magia fueron al principio una y la misma cosa, e incluso hoy las palabras siguen reteniendo gran parte de su poder mágico. Con ellas podemos darnos unos a otros la mayor felicidad o la más grande de las desesperaciones, con ellas imparte el maestro sus enseñanzas a sus discípulos, con ellas arrastra el orador a quienes le escuchan, determinando sus juicios y sus decisiones. Las palabras apelan a las emociones y constituyen, de forma universal, el medio a través del cual influimos sobre nuestros congéneres".

Sigmund Freud

INTRODUCCIÓN

Amigo caminante,

¡Nos encontramos de nuevo! Ya sé que no es casualidad. Si estás en este tercer libro es porque supongo que ya nos hemos encontrado y compartido vivencias en los dos anteriores.

Si no es así y es el primero de la trilogía que vas a leer, ¡estupendo!, tenemos todo el libro para conocernos y… quizás te animes a leer los que te faltan: **Acaricia tu mundo** y **Acaricia otros mundos**.

Este libro de desarrollo personal que tienes entre tus manos tiene una particularidad, es un libro que has de ir trabajando poco a poco.

Te explico por qué digo esto. El libro está dividido en tres partes como ya has podido ver en el índice.

En la primera parte es donde te comento todo lo relativo al lenguaje y cómo podemos mejorar en su manejo. ¡Hay tela!

La segunda parte son dos capítulos dedicados a ti en los que he dejado de lado el tema de las palabras y me he centrado en aspectos relacionados con tu vida.

El tercer apartado es un cuaderno personal en el que te invito a que vayas reflejando en él los descubrimientos, avances, retos u objetivos que a través de la lectura te vayas proponiendo.

El objetivo del libro como el del cuaderno es que lo vayas leyendo poco a poco y rellenando a tu ritmo.

Te sugiero un método que te puede ser útil: puedes hacer una primera lectura para tener una visión general del tema y después puedes ir centrándote en aquellos aspectos concretos que quieras trabajar y en los que quieras crecer y mejorar.

Cuando ya tengas claro por dónde quieres comenzar puedes ir completando el cuaderno personal que te ayudará a solidificar tus metas y objetivos relativos al lenguaje.

Más que un libro de lectura, que lo es por supuesto, es un libro de trabajo. Si lo único que haces es leerlo, ten presente que ese cambio que deseas que se produzca en ti no se hará realidad.

Es un libro para saborear y practicar. No van con él las prisas. Tenlo como libro de cabecera al que irás recurriendo según vayas avanzando en tu proceso personal.

Si te lo tomas en serio, te aseguro que tu vida y la de los que te rodean dará un giro de 180°.

Para ello **cuento con tu responsabilidad, esfuerzo e ilusión**. Las cosas cambian a nuestro alrededor cuando nosotros cambiamos por dentro. Las cosas cambian en nuestro interior cuando tenemos la confianza de que, paso a paso, vamos avanzando en nuestro hermoso camino particular.

Como ya te he dicho en otras ocasiones, ¡tú decides!

¡TÚ ERES EL ÚNICO RESPONSABLE DE TU VIDA!

¡TÚ ELIGES SER EL PROTAGONISTA DE TU VIDA!

¿Seguimos adelante?

ESperanza **SE**bastián **L**ozano

¡CONÉCTATE!

¡Te saludo nuevamente!

Después de explicarte cómo puedes trabajar este libro, tu libro, te quiero "poner al día" de los anteriores.

Este capítulo tiene la intención de que conozcas la temática de: **ACARICIA TU MUNDO** y **ACARICIA OTROS MUNDOS** para que no te pierdas nada interesante y estés actualizado.

Si ya los has leído, ¡gracias por interesarte por tu crecimiento personal! Será un entretenido repaso.

Si es el primero que lees de esta trilogía **Acaricia tu mundo,** tal vez, te animes a leerlos y seguir tu camino de aprendizaje y desarrollo.

1 El primer volumen está **centrado en ti**, en tu **camino personal**. Es una invitación a dar un paso más para conocerte interiormente y **SER EL PROTAGONISTA DE TU VIDA.**

Seguimos avanzando por la consciencia, el **vivir despiertos**, vivir el presente. Vivir cada instante de nuestra vida con la mayor intensidad posible.

Descubrimos que la realidad en la que vivimos no es LA REALIDAD es **NUESTRA REALIDAD** y que tú eres el creador de ella.

Paseamos por nuestra **fisiología**, nuestro cuerpo, y por la importancia de ser conscientes de que **mente y cuerpo van en un solo "pack"** y cómo esta última es una gran **herramienta para cambiar nuestras emociones y pensamientos**.

Tomamos conciencia de que **nuestra voz interior** aprovecha para llenarnos la cabeza de preocupaciones, pensamientos y sentimientos. ¡Nos enreda y limita!

Por último, aceptamos **nuestras emociones** que están con nosotros para conocerlas, vivirlas y sentirlas… no para que ellas dominen nuestra vida.

Y, ¡cómo no! Los **ejercicios** que te propuse en los diferentes capítulos te ayudarán en tu camino de crecimiento personal.

> *"Cada mañana tienes dos opciones: seguir quejándote de tu vida o hacer algo para cambiarla".*
>
> Ricardo Mata

2 El segundo volumen, ***Acaricia otros mundos***, trata exclusivamente de la comunicación. Entendiendo esta como mucho más que hablar.

Anthony Robbins nos lo dice claramente: ***"La forma en que nos comunicamos con otros y con nosotros mismos determina la calidad de nuestras vidas".***

Consideramos aspectos tan importantes dentro de la comunicación como **el componente analógico** (lenguaje no verbal) que es la forma en que decimos lo que decimos. **Es el que mayor impacto causa en nuestras emociones.**

"Entramos de puntillas" en el apasionante mundo de la **EMPATÍA,** de la **relación entre dos personas caracterizada por el respeto, la confianza y la comprensión de los pensamientos y sentimientos** de la otra persona.

Seguimos adentrándonos por el camino de la **escucha** hasta encontrar **LA ESCUCHA EMPÁTICA** e intentando alejarnos de las **actitudes** que impiden nuestra comunicación profunda: **actitud defensiva, negativa, soberbia y de excesiva confianza.**

Al final de nuestro camino, nos encontramos con la incomprendida **ASERTIVIDAD** que nos enseñó que tenemos que cultivar en nuestro interior **la confianza, la seguridad, la firmeza, el equilibrio, el respeto y la sensibilidad**.

> *"Tocar el alma de otro ser humano es caminar por tierra sagrada"*.
>
> Stephen R. Covey

Amigo caminante, espero que este resumen haya sido esclarecedor y te haya situado en el contenido de los dos libros anteriores.

Comienzas un nuevo sendero de aprendizaje.

¿Comenzamos? ¡Adelante!

NO OLVIDES QUE IREMOS JUNTOS DURANTE TODO EL CAMINO.

PRIMERA PARTE

EL LENGUAJE

1

EL PODER DE LAS PALABRAS

Amigo caminante,

¿Estás preparado para comenzar un nuevo y apasionante paseo por el maravilloso mundo de las PALABRAS?

¡Vamos a empezar! ¿Llevas todo lo necesario? Alegría, ilusión, interés, mente abierta, capacidad de sorpresa...

¡Atento a la primera sorpresa!

LAS PALABRAS TIENEN UN PODER MÁGICO.

Estoy segura de que en tu interior guardas algún tipo de palabras con este poder, bien sea porque crearon en ti un efecto positivo o por todo lo contrario. Tal vez fueron palabras pronunciadas por tu padre, tu madre, tu primer amor, tu maestro…y que han dejado una gran huella en ti o, tal vez, han dejado… una herida.

Sea como sea, has de reconocer que para ti tienen un poder mágico del que no puedes olvidarte. Supongo también, y creo que no me equivocaré, que recordarás el cuándo, dónde y cómo te lo dijo. Tienes una serie de sensaciones y sentimientos asociados a esas palabras que parece que revives cuando las recuerdas. **Ese es el poder de las palabras**.

Cuando yo tenía aproximadamente 13 años y estaba en esa época en que no haces caso a nadie excepto a tu grupo de amigos, crees que lo sabes todo, los estudios son una carga sin sentido (por lo menos para mí lo eran) y que existían en mi mundo cosas más interesantes que hacer y vivir, una profesora que tenía me marcó de manera especial.

En esos momentos en plena adolescencia conocía mi recorrido, me seguía en la distancia y, de vez en cuando, comentábamos aspectos de la vida, de mi vida.

Recuerdo que un día, concretamente un sábado que íbamos a hacer prácticas de laboratorio, en la puerta nos paramos a hablar. En la conversación me dijo: **"Esperanza, en la vida tú harás lo que quieras hacer y conseguirás lo que quieras conseguir"**.

En ese momento no lo entendí muy bien porque mi mundo era muy limitado y con pocas perspectivas, pero con los años he ido descubriendo que este mensaje me caló hondo, de tal manera que lo he considerado siempre como mi lema de vida.

En mi trayectoria personal y profesional siempre he hecho lo que he considerado que en ese momento era lo mejor para mí y he ido logrando, paso a paso, las metas que me he ido marcando.

Escribir esta trilogía **Acaricia tu mundo** es uno de esos retos que ya se ha hecho realidad. A día de hoy, sé firmemente que en la vida conseguiré lo que quiera conseguir, todo depende de mí. Mi profesora fue mi primer "coach" y nunca olvidaré sus palabras y su cariño. Tiene un lugar en mi mente y en mi corazón.

Como Freud nos ha dicho en el texto introductorio **la palabras crean y destruyen**. En mi caso, las palabras dejaron huellas de crecimiento, fortaleza y valentía.

Quiero mostrarte el poder mágico que tienen las palabras en un ejemplo que Robert Dilts explica en su libro: *El poder de la palabra*.

"*U*na *agente de policía recibe la orden de acudir urgentemente a una vivienda para atender un incidente de violencia doméstica. Sabe que es precisamente en esta clase de situaciones en las que más peligra su integridad física. A la gente no le gusta que la policía se meta en sus asuntos familiares, sobre todo si se trata de personas violentas e irritadas.*

Al aproximarse a la vivienda en cuestión, la agente escucha voces y chillidos procedentes del interior de aquella. Un hombre está gritando fuertemente y se oye el ruido de objetos al ser arrojados contra la pared, junto con los chillidos de terror de una voz femenina.

De repente sale volando a través de la puerta de entrada un televisor, que va a estrellarse contra el suelo para hacerse añicos ante los pies de la agente. Esta se precipita hacia la puerta y comienza a golpearla con todas sus fuerzas. Del interior de la vivienda surge una voz de trueno que pregunta:

- ¿Quién demonios es?

La agente echa una mirada de reojo a los restos del televisor, esparcidos por el lugar donde ella estaba tan sólo un par de segundos antes, y responde:

- Servicio de reparación de televisores.

> *Tras unos instantes de silencio sepulcral, el hombre de dentro estalla en una sonora carcajada y abre la puerta, permitiendo que la agente haga su trabajo sin más violencia ni enfrentamientos.*
>
> *Como más tarde comentaría, aquellas afortunadas palabras le sirvieron a la agente mucho más que meses de preparación física para el combate cuerpo a cuerpo".*

Amigo caminante, has podido comprobar cómo unas palabras pueden cambiar la vida y los acontecimientos de las personas, de tu vida y de las situaciones en las que te puedas encontrar.

Las palabras te pueden dar la fuerza para crecer por sus efectos positivos o, por el contrario, te pueden limitar e instalarte en la negatividad de la imposibilidad.

Escribe en tu **cuaderno personal,** que encontrarás al final del libro, esas **palabras mágicas** que te han acompañado en tu vida y te han hecho avanzar en tu camino, superarte y crecer.

Alguna vez te has preguntado cómo influyen nuestras palabras en nuestro comportamiento o cómo influye tu lenguaje en el comportamiento de otras personas.

¿Cómo nuestras palabras condicionan nuestra manera de percibir el mundo y a los demás?

¿Cómo influye el lenguaje en las decisiones que tomamos sobre el futuro?

> *Las palabras son tan poderosas. Pueden destruir un corazón, o curarlo. Pueden hacer que un alma se avergüence, o se libere. Pueden apagar los sueños, o darles más vida. Pueden interrumpir la conexión, o crearla. Pueden crear barreras, o destruirlas. Tenemos que usar las palabras sabiamente".*
>
> Ming D. Liu

CADA PALABRA CUENTA. LAS PALABRAS DEJAN HUELLA. LAS PALABRAS CAMBIAN VIDAS.

Hablar lo podemos hacer con facilidad, pero usar las palabras adecuadas "es harina de otro costal".

> *"Cuando hables, procura que tus palabras sean mejores que el silencio".*
>
> Proverbio indio

El lenguaje es lo que nos diferencia como especie, es una capacidad que hemos desarrollado. Las palabras las relacionamos con objetos, pensamientos, sensaciones y sentimientos y a partir de esto, construimos frases que dan un significado a lo que queremos expresar. Esto es el LENGUAJE.

El lenguaje es una herramienta de nuestra comunicación. Y como ya sabes, del libro anterior **Acaricia otros mundos**, en el que hablamos exclusivamente de la comunicación, no es la única.

Aquí tienes el primer regalo de este libro. Si ya me vas conociendo sabes que los cuentos para mí son muy importantes porque nos transmiten una gran sabiduría con su lenguaje sutil que nos traslada a nuestro interior.

Es el método de enseñanza por excelencia como ya te explique en el primer libro **Acaricia tu mundo**.

Te dejo con una fábula extraordinaria de Hsien-Seng Liang.

"EL PODER DE LA PALABRA"

"*Un grupo de ranas viajaba por el bosque y, de repente, dos de ellas cayeron en un hoyo profundo. Todas las demás ranas se reunieron alrededor del hoyo.*

Cuando vieron cuán hondo era el hoyo, le dijeron a las dos ranas en el fondo que para efectos prácticos, se debían dar por muertas.

Las dos ranas no hicieron caso a los comentarios de sus amigas y siguieron tratando de saltar fuera del hoyo con todas sus fuerzas.

Las otras seguían insistiendo en que sus esfuerzos serían inútiles.

Finalmente, una de las ranas puso atención a lo que las demás decían y se rindió. Ella se desplomó y murió.

La otra rana continuó saltando tan fuerte como le era posible. Una vez más, la multitud de ranas le gritaba y le hacían señas para que dejara de sufrir y que simplemente se dispusiera a morir, ya que no tenía caso seguir luchando.

Pero la rana saltó cada vez con más fuerzas hasta que finalmente logró salir del hoyo.

> *Cuando salió, las otras ranas le dijeron: "Nos da gusto que hayas logrado salir, a pesar de lo que te gritábamos".*
>
> **La rana les explicó que era sorda, y que pensó que las demás la estaban animando a esforzarse más y salir del hoyo".**

¡Qué suerte ha tenido la rana! ¡Viva la sordera! ¡Una palabra de aliento que ofrezcas… puede salvar vidas!

Amigo caminante, deseo de todo corazón que con la lectura y el trabajo del libro llegues a dominar el fascinante **universo del LENGUAJE** que tanto te va a ayudar a ti y a todas las personas que entren en contacto contigo.

> *"El hombre tiene el poder de cambiar una condición desfavorable agitando la varita mágica de sus palabras".*
>
> Florence Scovel Shinn

Como dice el subtítulo del libro:

¡LAS PALABRAS CAMBIAN VIDAS!

2

MÁS ALLÁ DEL LENGUAJE

Amigo caminante, nos volvemos a encontrar en este capítulo. ¡Qué suerte tengo! Espero que tú también pienses lo mismo. ¿Ya vas escribiendo en tu cuaderno personal? Si ya lo has hecho, me alegro mucho. Te servirá de ayuda en tu proceso de crecimiento.

Si todavía no has comenzado, te animo de corazón a que lo hagas. Escribir fija en nuestra mente nuestros recuerdos, ilusiones y deseos. Tenerlo presente en la cabeza es un paso y al escribirlo se graba con mayor intensidad. ¡Compruébalo! ¡Te sorprenderás!

En este capítulo te voy a introducir en lo que hay más allá de las palabras. Te voy a descubrir lo que oculta nuestro lenguaje. Va a ser toda una sorpresa llena de grandes posibilidades para tu comunicación y para la comprensión de este fabuloso mundo del lenguaje.

Pasarás de la estructura superficial de las palabras a la estructura profunda que te ayudará a comprender mejor los mensajes que recibas y a obtener la información concisa que necesitas.

Así pues, comenzamos nuestro camino por el fascinante mundo de las PALABRAS.

Antes quiero preguntarte una cosa:

¿QUÉ SIGNIFICA EN CONCRETO UNA PALABRA?

¡Uf! Pensarás… ¿qué cosas me preguntas? Una palabra es una palabra y ya está. Las palabras significan cosas, ideas, sentimientos…es así de fácil. ¡No me metas en líos!

¡Vaya, vaya! Y ahora te pregunto: ¿Para quién significan eso?

Y, tal vez, me contestes: para todo el mundo.

Como ves, yo me pregunto y yo me respondo. Es un auténtico "diálogo de besugos" porque estoy suponiendo tu respuesta y puede ser que no sea ninguna de las que te he dado.

Voy a contestarte, desde mi perspectiva, a estas dos preguntas que te he hecho:

- ¿Qué significa una palabra? Y…

- ¿Para quién?

Como ya he dicho anteriormente el lenguaje es una herramienta de la comunicación y, por tanto, las palabras tienen el significado que el conjunto de la sociedad en la que vivimos ha acordado. De esta manera, organizar nuestro lenguaje es una forma de organizar nuestras experiencias. Sin esta organización nuestras conversaciones no tendrían ningún sentido.

Espero que hayas leído el primer libro de esta trilogía **Acaricia tu mundo** en el que hablamos de que **la realidad objetiva no existe, somos cada uno de nosotros los que creamos nuestra realidad**.

"Pa por si", tanto si lo has leído como si no, te voy a hacer un pequeño resumen de ese capítulo porque es muy importante para que entiendas todo lo que posteriormente te voy a explicar del lenguaje.

Aunque lo hayas leído, ¡no te lo saltes! Siempre viene bien recordar aspectos importantes que nos ayudan a comprender nuestra vida.

Resumen capítulo 3: "**Somos creadores de nuestra realidad",** del libro **Acaricia tu mundo**.

Nuestra vida se desenvuelve en un mundo lleno de objetos, acontecimientos y personas que captamos a través de nuestros sentidos. **Los sentidos son ventanas abiertas al mundo, las fuentes de nuestra experiencia** y están expuestos a un constante bombardeo de estímulos que nos ofrecen una información que se transmite al cerebro y este le da un sentido.

Aunque **los sentidos** nos ofrecen una visión interesante del mundo, **no siempre pueden transmitir una imagen fiable de la realidad.**

Vivir no es solamente pasar por este mundo, sino que implica sentir, percibir y comprender nuestra realidad. La importancia que otorgamos a nuestros sentidos marca la diferencia entre oír y escuchar, probar y degustar, tocar y palpar, ver y observar. Si abrimos la mente a nuestros sentidos, podremos gozar más de nuestro viaje por la vida.

Después de hablarte de los sentidos, te quiero explicar otro concepto clave que te ayudará a entender el enigma de este capítulo: ¿Qué es la realidad?

Me refiero al concepto de **PERCEPCIÓN.** La percepción no es la suma de estímulos que llegan a nuestros sentidos, sino que **cada individuo organiza la información recibida según sus deseos, necesidades y experiencias**. El cerebro transforma, de forma casi inmediata, los mensajes recibidos a través de los sentidos, en percepciones conscientes.

La percepción es más que ver, oír, gustar o palpar. Es la **transformación de los estímulos recibidos en información cognitiva** (en conocimiento).

En esta transformación inciden ciertos procesos ·de suma importancia y de los que seguramente, hasta día de hoy, no eras consciente. Te los voy a explicar de manera sencilla, aunque son procesos complejos.

El resultado final de esta transformación (de estímulo a información) pasa por unos filtros que actúan de manera casi instantánea y que son propios e irrepetibles en cada uno de nosotros porque dependen de las **experiencias personales** que hayamos tenido en la vida, de nuestro **aprendizaje**, de nuestra **personalidad**, de nuestra **cultura**… Este es un primer filtro.

Otro de los filtros es la **adaptación al entorno** que actúa en esa transformación para poder dar respuesta y sentido a nuestra realidad.

Y el último filtro es la **atención**. Nos centramos en lo que es relevante para nosotros en una circunstancia concreta y el resto de estímulos los desechamos.

En conclusión, los **estímulos físicos** son captados por nuestros sentidos (receptores). Con lo captado, se realiza una organización de la información, que es a lo que llamamos **percepción**. Esta información pasa por todos los filtros personales y **da lugar a la representación de una realidad**.

He dicho **una realidad y no la realidad** porque supongo que entenderás que después de pasar por tanto filtro personal (aprendizaje, cultura, experiencias personales, deseos, motivación, expectativas, atención, creencias, adaptación al entorno…) de objetivo queda poco.

Ya ves que **es un proceso subjetivo**. Cada uno de nosotros representamos la realidad de forma subjetiva, es una **representación interna** y es diferente en cada uno de nosotros. Entender este proceso nos enseña también cómo vamos configurando nuestra vida y nuestras relaciones a partir de esa realidad subjetiva.

El mundo es una infinidad de posibles informaciones y solo somos capaces de percibir una pequeña parte que se convierte en nuestra realidad única, y actuamos de acuerdo con lo que hemos percibido como nuestra realidad, nuestro mundo.

Conocer nuestra realidad subjetiva y la de los otros, nos ayuda a ampliarla, modificarla y a pasar por la vida de una forma más fácil y satisfactoria.

Con este esclarecedor resumen ya puedo seguir y contestarte las dos preguntas que hemos dejado pendientes:

- ¿Qué significa una palabra? Y…

- ¿Para quién?

Como cada uno creamos nuestra realidad, experimentamos la realidad de manera diferente, las palabras, en sí mismas, están vacías de significado. Nosotros damos un significado a esas palabras que, evidentemente no tiene por qué coincidir con el de otra persona. El significado que damos a las palabras está íntimamente asociado a nuestras experiencias.

"El lenguaje es el vestido de los pensamientos".

Samuel Johnson

Tú y yo podemos estar de acuerdo en el significado de la palabra "coche" porque cada día nos los encontramos por la calle, lo conducimos y, algunos, contribuimos a la contaminación del medio ambiente.

¿Estamos de acuerdo en la palabra "libertad", "igualdad", "honestidad", "amor"…? Estoy segura de que para ti y para mí el significado varía y contiene matices específicos.

Entonces… yo me pregunto:

¿CÓMO SÉ QUE HE ENTENDIDO LO QUE ME DICES?

Las lenguas inuit-yupik o lenguas esquimales distinguen varios tonos de color blanco. Para ellos es importante saber distinguir los distintos tonos que indican distintos tipos de nieve, los hawaianos no tienen esta riqueza porque no la necesitan. Es una preocupación sin importancia para su clima cálido. Por tanto, está claro que la misma palabra no tiene el mismo significado según sea la localización: un clima frío, muy frío, exageradamente frío o cálido. Estamos hablando de la misma palabra con significados diferentes según la zona geográfica.

Amigo caminante, ¿te gusta escuchar música? Estoy casi segura de que cuando tú y yo hablamos de que nos gusta la música cada uno pensamos en un tipo de música diferente. A mí, en términos generales, me gusta la música "pop". ¿Y a ti?

Tal vez a ti te gusta el "urban", el "dance", el "rock", la música "latina", la "ópera"… La palabra música tiene diferentes significados para cada uno de nosotros.

Si el lunes, cuando acuda a mi trabajo, comento que he pasado un fin de semana de total "relax" cada uno de los que me escuchen pueden tener diferentes ideas :

- Ha estado tumbado todo el día en el sofá viendo la televisión.

- Ha ido a un "spa" a relajarse.

- Se ha ido a un hotel en medio de la nada, sin agua y sin luz para estar en contacto con la naturaleza.

Para mí el "relax" fue realizar una excursión de cuatro horas por la montaña y regresar caminando otras cuatro horas.

¡Qué cansancio! ¡Qué satisfacción!

¡Sí, sí! Ya sé que no te he contestado a las preguntas que te he formulado antes. Espera, espera… para terminar de aclarar lo que estamos comentando de las palabras y sus significados te comparto esta divertida adaptación de un sainete de teatro valenciano.

"PEQUEÑA HISTORIA DE UN MAL ENTENDIDO"

"*Un momento...- ahora era el dueño el que no entendía nada- Yo no puedo...*

-Pero ¿usted no es su padre?- atajó ya fuera de sí Bernardo.

-¿Cómo que su padre, está usted de broma? Yo soy el dueño, el amo y había aquel día en el periódico dos anuncios que no tenían nada que ver el uno con el otro.

Uno era de una casa que se alquilaba, y el otro era de una chica que pretendía entablar relaciones (serias) con un hombre de buena posición y buenas intenciones. Lo que confundió a Bernardo, el protagonista de nuestra historia, fue la dirección. La primera era: Calle del Suspiro número 69, 2º. La segunda era también Calle del Suspiro, pero número 96, 2º.

Total, que Bernardo, hombre de buena posición y buenas intenciones, no dudó en acudir a la cita de aquella mujer que pedía relaciones. Pero con las prisas, le bailaron los números, y en vez de ir al número 96, fue al 69, que era donde se alquilaba la casa.

Llamó al timbre y le abrió la puerta un hombre de unos cincuenta años, gordo, calvo, de refinado bigote y sonrisa fácil.

-Buenos días, venía por lo del anuncio.

-Buenos días. Pase usted, pase.

El dueño de la casa le condujo hasta la salita, donde se sentaron en sendos sillones.

-Pues, eso, que he leído el anuncio y he venido a ver si llegamos a un acuerdo. Antes que nada me gustaría saber cómo se llama. Y cuántos años tiene.

-¿Años...? No muchos... déjeme que me acuerde, fue allá por los ochenta... tal vez el 86, luego, saque usted cuentas... Y ¿El nombre...? Ah sí, Lolita, por mi esposa, ya sabe usted...pero si no le gusta el nombre, lo cambia, no hay ningún problema.

-No, no, si me gusta el nombre, me gusta-contestó visiblemente extrañado Bernardo.

-Pues nada, nada –le cortó el dueño- hablando se entiende la gente. Yo estoy convencido de que cuando la vea, le gustará. Solo con mirarla por fuera, ya quedará prendado de su belleza. Y no le digo nada cuando la vea por dentro...

-Ja, ja, ja- rió Bernardo sonrojándose- cada cosa a su tiempo....-acertó a decir tímidamente.

-Claro, claro. Bueno, sigo. Lo que más valoro yo son los bajos. Aquí puede meter la nariz todo lo hondo que quiera y aspirar fuertemente que no encontrará ninguna mala olor. Y además está bien ventilada.

-No le entiendo- contestó Bernardo medio aturdido.

-Pues eso, que tiene dos entradas, una por delante, y otra por detrás. Si le apetece penetrar por delante, pues adelante, que entre otras cosas, es lo normal, ya me entiende. Pero si quiere hacerlo por detrás, pues nada, sobre gustos...

-Un momento- Bernardo estaba empezando a desorientarse- pero...pero... ¿qué me está usted diciendo...?

-Yo no le cuento mentiras. Yo le digo lo que hay. Y también le digo que espero que la trate bien... porque el último me la dejó hecha un asco...

-O sea, que no soy el primero...

-¡Qué va! Si ha tenido muchos...el peor fue el torero.

- ¿El torero...? – balbuceó Bernardo.

-Sí, porque como era un torero de poca monta, la utilizaba para entrenar las suertes del toreo. Ya me entiende, la espada, las banderillas, la puntilla... y me la dejó para el arrastre.

-¿Y usted cómo podía consentir semejante barbaridad?

-No, si yo no lo sabía, fueron los vecinos, que oían los gritos...

-Bueno- dijo Bernardo con determinación- Yo quiero verla.

-Pues nada, cuando le apetezca vamos y se la enseño.

-No, que venga. Que aquí la espero.

-¿Cómo dice?- espetó el dueño totalmente extrañado.

-Pues eso, que aquí la espero.

Señor de esa joyita que yo pretendía dejarle a muy buen precio, pero que a este paso...

-¿Cómo? ¿Qué me está usted diciendo...? ¡Que la pretende vender...!

-¡No! Lo que quiero es alquilarla...

-¡¡Qué....!! ¡¡Que pretende alquilar a su hija...!! ¡¡Usted es un negrero!! ¡¡Y voy a poner una denuncia ahora mismo por esclavizar a su propia hija!!

-Un momento, un momento, pero ¿qué me está diciendo de mi hija? Yo no tengo ninguna hija...

-¿Y entonces, esta Lolita que me pretendía alquilar...?

-Esta Lolita que usted dice es la villa que yo iba a alquilarle. La "Villa Lolita" que venía en el anuncio..."

-¡Qué! ¡Vaya enredo! ¡Pobre "Lolita"! ¿Te ha gustado?

Nuestro lenguaje, en nuestra cultura, poco tiene de concreto y mucho de interpretación.

Si yo te digo: "Ana está triste", no te estoy diciendo nada en concreto, son suposiciones que yo he hecho, ¿tú sabes que le pasa realmente a Ana? Estás en su mente, en su pensamiento, en sus sentimientos… Supones que le pasa algo sin saberlo con certeza, es una descripción imprecisa y vaga.

¿Qué es la tristeza para ti? ¿Qué es la tristeza para mí?

Lo oportuno sería decir: Ana tiene los ojos vidriosos, la mirada vaga y la respiración superficial.

Esta es una descripción de lo que estoy viendo y no de lo que estoy suponiendo.

Pensarás… ¡déjate de rodeos! y dame una respuesta clara a la pregunta que me has formulado páginas atrás: ¿QUÉ SIGNIFICA UNA PALABRA?

Ahora es cuando te digo: **ya te lo he contestado con todo este rodeo.**

Las palabras, tanto escritas como habladas son la "estructura superficial" resultado de una "estructura profunda" que está en la mente del que comunica.

Para descubrir esa estructura profunda contamos con lo que se denomina: **METALENGUAJE**, es decir, ir más allá del lenguaje.

El origen del metalenguaje está en la gramática transformacional y más concretamente en los estudios de N. Chomsky. Posteriormente, J. Grinder y R. Bandler ofrecieron otras aportaciones de mayor utilidad desde la PNL (Programación Neurolingüística).

Cuando hablamos, nosotros tenemos una idea muy clara de lo que queremos decir: estructura profunda y al comunicarlo acortamos esa estructura profunda, de manera inconsciente, mediante tres mecanismos: OMISIÓN, GENERALIZACIÓN Y DISTORSIÓN.

Te voy a explicar brevemente en qué consisten cada uno de estos mecanismos y después los ampliaré, hay mucha "chicha" en todo este proceso.

¿EN QUÉ CONSISTE LA OMISIÓN?

Seleccionamos, elegimos de manera inconsciente solo una parte de la información que queremos transmitir y la otra parte se pierde en la comunicación. **Eliminamos la información que no es relevante para nosotros o nos pasa desapercibida**.

Es una manera de reducir la realidad que percibimos a unos estándares que podemos controlar o manejar.

¿EN QUÉ CONSISTE LA DISTORSIÓN?

Ofrecemos a nuestro interlocutor una versión reducida, resumida, de nuestro mensaje que inevitablemente y repito, de manera inconsciente, distorsionada de la estructura profunda que nosotros tenemos en mente.

Tendemos a cambiar datos, a no recordar con exactitud lo captado a través de nuestros sentidos e incluso a añadir nuestra interpretación.

Es un mecanismo que nos permite remodelar la percepción de nuestra experiencia.

¿EN QUÉ CONSISTE LA GENERALIZACIÓN?

Convertimos ciertas experiencias concretas en categorías generales o totales, lo que nos hace caer, en ocasiones, en comunicaciones imprudentes o basadas en suposiciones.

¡Eh! ¡Madre mía! Esta explicación, tal vez, te resultará muy abstracta, todo lo irás comprendiendo con el paquete de ejemplos que te daré. ¡Lo entenderás a la perfección!

Sigo explicándote un poco más lo del Metalenguaje porque te será de gran utilidad en tu día a día en los intercambios comunicativos que realices.

¿QUÉ ES EL METALENGUAJE?

Es una herramienta, un modelo lingüístico basado en preguntas que utilizamos para aclarar el mensaje del interlocutor. Llegar desde la estructura superficial (lenguaje)- lo que nos dice la otra persona- hasta la estructura profunda- su experiencia-, para conseguir comprender de la manera más precisa su realidad.

Nos sirve para utilizar el lenguaje con mayor precisión, nos ayuda a reflexionar sobre cómo percibimos la realidad y nos abre las puertas a una comprensión más amplia de nuestras vivencias.

Los objetivos del Metamodelo son varios, aunque aquí solo te voy a señalar los que son más útiles para ti.

OBJETIVOS:

- Encontrar la información que se pierde en el proceso de comunicación.

- Conectar con la estructura profunda de la persona con la que interactuamos o la nuestra propia.

También te he de decir que este Metalenguaje y, en consonancia con los objetivos que te acabo de mostrar, se puede subdividir en dos:

- **Metalenguaje 1:** Las preguntas que se realizan a nuestro interlocutor sirven para completar la información que nos falta para comprender su mundo.

- **Metalenguaje 2:** Las preguntas que se realizan o nos podemos realizar nos sirven para ampliar la percepción de la realidad de la otra persona o la nuestra propia.

¡Ale! Te pongo un ejemplo para que lo vayas captando. Como ya sabes que soy "profe", el ejemplo va a ser del mundo educativo.

Tu compañero/a de trabajo te dice: **"Me sacan de mis casillas".**

Ante esta expresión tan contundente tienes varias opciones:

1. **"Creatividad al poder"** o lo que es lo mismo imaginarte quiénes la "sacan de sus casillas", qué ha pasado para ponerla en esta situación o cómo han conseguido que se sienta de esta manera.

2. Hacerle algunas preguntas que te clarifiquen la situación y puedas completar esa información que te falta:

   - **¿Quién** te "saca de tus casillas"?

   - **¿Cómo** han hecho para "sacarte de tus casillas"?

   - **¿Qué** quieres decir con "me sacan de mis casillas"?

Con estas preguntas que le hemos realizado a nuestro compañero/a hemos conseguido varias cosas:

- Una **información valiosísima** que antes no teníamos sobre la experiencia que ha vivido.

- **Ahorramos energía** no teniendo que inventarnos o suponer el qué, quién, cómo…

- La **comunicación** es mucho más **eficaz**.

- Nuestro compañero/a se siente más **comprendido**.

¡Ea! Supongo que con este ejemplo te has clarificado un poco! ¡Ya verás que es muy sencillo! Lo que asusta es la "palabreja" Metalenguaje.

¿Te acuerdas de que unas líneas más arriba te he hecho una distinción entre metamodelo1 y 2.? En cada uno de estos encontramos distintos apartados que te voy a explicar con detalle y con muchos ejemplos.

Es más, te voy a hacer un estupendo esquema para que lo veas bien organizado.

¡Epa! ¡Ahí va!

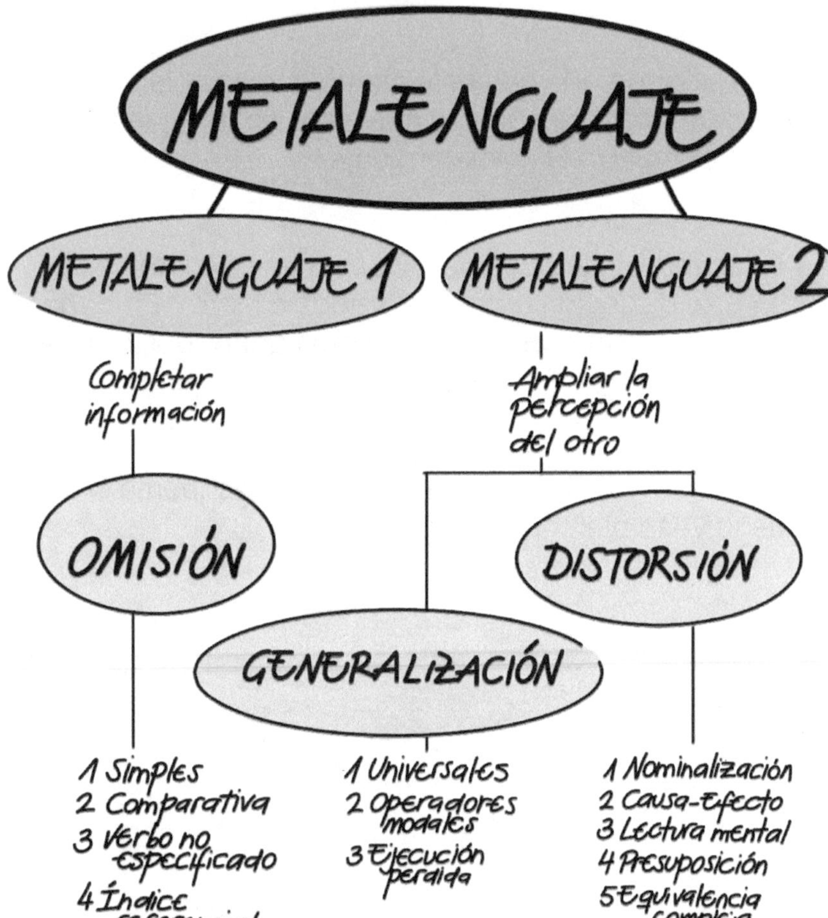
METALENGUAJE
METALENGUAJE 1
METALENGUAJE 2
Completar información
Ampliar la percepción del otro
OMISIÓN
DISTORSIÓN
GENERALIZACIÓN
1 Simples
2 Comparativa
3 Verbo no especificado
4 Índice referencial
1 Universales
2 Operadores modales
3 Ejecución perdida
1 Nominalización
2 Causa-efecto
3 Lectura mental
4 Presuposición
5 Equivalencia compleja

METALENGUAJE 1

En los ejemplos que te voy a poner, la pregunta o preguntas que utilizaremos del metalenguaje las pondré en letra cursiva para que lo distingas y no te lleve a errores.

OMISIONES.

Las omisiones se clasifican en:

1. OMISIONES SIMPLES.

En la comunicación que realizamos mediante el lenguaje **se omite información, faltan datos como personas, cosas, lugares, relaciones...**

Ejemplos:

- "Estoy algo preocupado/a".

  *¿**Qué** te preocupa?*

- "Este curso hemos conseguido los objetivos"

  *¿**Qué** objetivos? ¿**Cuále**s eran los objetivos?*

- "Me cuesta comunicarme"

  *¿**Con quién** te cuesta comunicarte? ¿**Qué** es lo que te cuesta comunicar?*

- "Ya estoy preparado/a"

  *¿**Para qué** estás preparado/a?*

- "No me respetan"

  *¿**Quién** no te respeta? ¿**Cómo** no te respeta?*

- "Me he quedado bloqueado/a"

  *¿**Con qué** te has quedado bloqueado/a? ¿**Cómo** te has quedado bloqueado/a?*

- "Soy muy torpe"

  *¿**Para qué** eres torpe?*

2. OMISIONES COMPARATIVAS.

Se realizan comparaciones sin saber con respecto a quién- personas-, qué- cosas- u otros elementos. Con las preguntas que realizamos sale a la superficie la otra parte de la comparación.

Se utilizan palabras como: mejor-peor, bueno-malo, difícil-fácil, más-menos…

Ejemplos:

- "Él está mucho mejor".

  *¿Mejor que **quién**? ¿Mejor según **qué**?*

- "Ella es más lista".

  *¿Más lista que **quién**? ¿Más lista **para qué**?*

- "Si te esfuerzas te será más fácil".

  *¿Más fácil que **qué**?*

- "Esto está fatal".

  *¿Comparado **con qué**?*

- "Eso es menos complicado para ti".

  *¿Menos, comparado **con qué**?*

- "Es mejor callar".

  *¿Mejor que **qué**?*

3. VERBOS INESPECÍFICOS.

En este tipo de lenguaje **los verbos no explican completamente la acción**, no aclaran el significado de la oración.

Ejemplos:

- "Mi madre me pone nervioso/a".

  *¿**Cómo** te pone nervioso/a?*

- "Mi primo alegró la fiesta".

  *¿**Cómo** alegró la fiesta?*

- "Me hizo daño".

  *¿**Cómo** te hizo daño?*

- "No quiero molestarle".

  *¿**Cómo** le molestas?*

- "Si empiezas de nuevo".

  *¿Si empiezo **con qué**? ¿Si empiezo **cómo**?*

4. **FALTA DE ÍNDICE REFERENCIAL.**

Se refiere a que **falta el sujeto que realiza la acción** del verbo, es decir, la persona u objeto no está definido o especificado.

Ejemplos:

- "Aquello es muy importante".

  *¿**Qué** es importante?*

- "No quieren hablar conmigo".

  *¿**Quiénes** no quieren hablar contigo?*

- "La gente me preocupa".

  *¿**Quién o quiénes** en concreto?*

- "Esta fue la primera vez".

  *¿La primera vez **de qué**?*

- "La situación me ha hecho cambiar".

  *¿**Qué** situación?*

¡Uf! Amigo caminante, ¡cuánto ejemplo!

De esta manera espero que te quede lo más claro posible todo esto del metalenguaje. ¿Es así? ¡Seguro!

Te animo a que pienses y vayas a tu **cuaderno personal** para que anotes alguna situación en la que te has encontrado y has tenido que utilizar las preguntas del metalenguaje para indagar sobre información incompleta que te estaba dando alguna de las personas con las que te relacionas habitualmente.

Si, poco a poco y en situaciones concretas, te vas acostumbrando a reflexionar sobre tu lenguaje cada vez lo utilizarás con mayor precisión y mejor te harás entender por los que te escuchen.

RESUMIENDO... ¿QUÉ ES EL METALENGUAJE?

✓ Metalenguaje quiere decir **ir más allá del lenguaje**, más allá de lo que decimos.

✓ La **estructura profunda** es lo que queremos decir y la **estructura superficial** es lo que acabamos diciendo.

✓ En este proceso intervienen tres mecanismos: **omisión, generalización y distorsión.**

✓ El metalenguaje es una **herramienta** que nos ayuda a través de las preguntas a **aclarar el mensaje** del interlocutor.

✓ **En las omisiones eliminamos información** que no es relevante para nosotros o nos pasa desapercibida.

✓ Las omisiones se clasifican en: omisiones simples y comparativa, verbos inespecíficos y falta de índice referencial.

3

CONCRETANDO EL LENGUAJE

METALENGUAJE 2: GENERALIZACIONES

¿Qué tal, amigo caminante? ¿Has practicado ya con las omisiones? ¿Te ha ido bien? ¿Alguien te ha puesto cara rara?

Estoy convencida de que lo haces muy bien. ¡Sigue practicando!

Te voy a hacer un pequeño recordatorio: el metalenguaje 1 tiene la intención de completar la información que nos falta para comprender adecuadamente el mensaje de la otra persona o el nuestro propio y no inventar o imaginar la información que nos falta.

El metalenguaje 2 **tiene la intención de ampliar la percepción de la otra persona, ampliar su mundo, ayudarle a darse cuenta de que está siendo "simplista" en sus comprensiones.** Y, por tanto, se está alejando de la "realidad", y deja de ser preciso.

> *"El lenguaje no solo describe la realidad, sino que además es capaz de crearla. Nuestra forma de hablarnos a nosotros mismos afecta tremendamente a nuestra manera de relacionarnos con el mundo".*
>
> Mario Alonso Puig

GENERALIZACIONES.

Las generalizaciones se clasifican en:

1. CUANTIFICADORES UNIVERSALES.

Se produce una generalización cuando **un caso o ejemplo se toma como representativo de una colectividad.**

Las generalizaciones son intencionadamente vagas. Se ha de estar abierto a las excepciones ya que es una postura más realista y más cercana a la verdad. Estas crean un pensamiento limitante con respecto a lo que estamos hablando.

Las generalizaciones se suelen expresar con palabras como: **"Todos, siempre, nunca, ninguno, nadie, jamás…".**

Ejemplos:

- "Todos los hombres son unos machistas".

  Ante esta expresión las preguntas podrían ser:

  ¿Todos son iguales?

  ¿Has conocido alguna vez alguien que fuera diferente?

  ¿A qué te refieres cuando dices que son machistas?.

- "Los de ese país sois todos iguales".

  ¿Todos los del país?

  ¿Iguales respecto a qué?

  ¿Yo también soy igual a ellos?

- "Nunca hago nada bien".

  ¿Nunca, nunca?

  ¿Ha habido alguna vez que hayas hecho algo bien?

- "Todos lo jóvenes son maleducados".

  ¿Todos los jóvenes?

  ¿Has conocido alguno que no lo fuera?

  ¿Tus hijos también lo son?

- "Nadie me quiere".

  ¿Nadie?

  ¿Tus padres te quieren?

  ¿Tu pareja te quiere?

  ¿Tus hijos, amigos familiares te quieren?

Amigo caminante, hay un viejo cuento popular que ya hace tiempo que ronda por el mundo. Tal vez lo hayas oído o leído alguna vez. Cuenta con unos peculiares personajes…

*"**H**abía una vez cuatro individuos llamados Todo el Mundo, Alguien, Nadie y Cualquiera.*

Siempre que había un trabajo que hacer, Todo el Mundo estaba seguro de que Alguien lo haría.

Cualquiera podría haberlo hecho pero Nadie lo hizo.

Alguien se puso nervioso porque Todo el Mundo tenía el deber de hacerlo.

Al final, Todo el Mundo culpó a Alguien cuando Nadie hizo lo que Cualquiera podría haber hecho".

¡Está bien este cuento! ¿Eh? En este juego de palabras se esconde la realidad de algunas situaciones en las que nos encontramos en nuestra vida.

Ahora, te invito a que vayas a tu **cuaderno personal** para que reflexiones y escribas algunos de los cuantificadores universales que utilizas en tu día a día. Tal vez al principio te cueste, o incluso pienses que tú no los utilizas. El primer paso es que seas consciente de que casi todos los utilizamos. Yo, aun escribiendo sobre este tema, me pillo a mí misma utilizándolos.

Es cuestión de que estés atento a tu lenguaje y al uso que haces de él. En cuanto los vayas localizando será el momento de apuntarlos e intentar modificarlos y utilizar con más precisión las palabras.

2. **OPERADORES MODALES.**

¡Me encantan! Durante mucho tiempo viví gobernada por ellos, pero en cuanto los descubrí cambió mi vida. Ahora quien gobierna soy yo y no mis creencias limitantes. Te animo a que los leas con MUCHA ATENCIÓN y lleves a la PRÁCTICA contigo mismo las preguntas del metalenguaje cuando te pilles a ti mismo poniéndote alguna barrera absurda y limitante.

> *"Los límites de mi lenguaje son los límites de mi mente".*
>
> Ludwig Wittgenstein

Los operadores modales expresan **creencias** que tenemos y **nos obligan a vivir de una determinada manera** que nosotros mismos nos imponemos; por tanto, en muchas ocasiones nos crean malestar y descontento pero no sabemos cómo solucionarlo o, en el fondo, no queremos solucionarlo.

Funcionamos a partir de un esquema de leyes y obligaciones que nos hemos creado y, por tanto, nos limitan. Es conveniente cambiar estas creencias y funcionar con la idea de un mundo lleno de posibilidades y oportunidades.

Estos operadores modales funcionan en dos niveles: necesidad y posibilidad.

2.1. **OPERADORES MODALES DE NECESIDAD.**

Las palabras que utilizamos para expresar la **necesidad** son: **"Tengo que..."**, **"tendría que..."**, **"debería..."**, **"debo..."**, **"es necesario que..."**.

¿Alguna te suena? ¿La utilizas? ¿Cómo te sientes cuando las dices?

> *"Quien sea capaz de dominar su lenguaje llegará a poseerse"*.
>
> Enrique Rojas

Ejemplos:

- "Tengo que adelgazar".

  ¿Qué sucedería si no pudieras?

  ¿Qué te lo impide?

  Si nada te lo impide, ¿lo harías?

Puedes cambiar la expresión por: Puedo, quiero y elijo.

Puedo adelgazar, quiero adelgazar o elijo adelgazar.

También puedes pensar y hacer explícitas las consecuencias de no hacerlo. Eso te ayudará a buscar soluciones, a dar el primer paso de muchos.

¿Qué tal tus sensaciones? ¿Cómo te suenan de esta forma?

Amigo caminante, tú eliges y decides lo que te quieres decir y creer. ¡Prioriza tus decisiones! ¡Tú puedes! Y si no, eliges poder. ¡Decídete!

- "Tengo que hacerlo".

  ¿Qué pasará si no lo haces?

- "Debería hacer esto".

  ¿Qué pasará si no lo haces?

- "Tendría que trabajar más".

  ¿Qué te lo impide?

  ¿Qué pasará si no trabajas más?

Este apartado es muy, muy importante para tu crecimiento personal, por eso te invito a que te lo tomes en serio, reflexiones, vayas a tu **cuaderno personal** y anotes esas situaciones en las que te dices ti mismo cualquiera de estas expresiones. Cada vez serás más consciente de su uso y podrás utilizar el metalenguaje- las preguntas- para indagar nuevas posibilidades y no sentirte tan limitado.

2.2. **OPERADORES MODALES DE POSIBILIDAD.**

Las palabras que utilizamos para expresar la **posibilidad** son: **"No puedo…", "soy incapaz de…", "es imposible", "no consigo…".**

Ejemplos:

- "No puedo decírselo".

  ¿Qué te lo impide?

- "Soy incapaz de tener una relación"

  ¿Qué sucedería si fueras capaz?

  ¿Qué te lo impide?

- "No puedo hacerlo"

  ¿Qué pasaría si pudieras hacerlo?

  ¿Qué te lo está impidiendo?

- "Soy así, no puedo cambiar".

¿Qué te lo impide?

¿Qué pasaría si pudieras cambiar?

No me digas que no puedes, dime que no quieres.

Cuando nos decimos a nosotros mismos u oímos decir a alguien que no puede, **le está enviando a su cerebro una señal limitante, por lo tanto, no podrá.**

"Tanto si crees que puedes como si crees que no puedes, tienes razón".

Henry Ford

Con la pregunta, **¿qué pasaría si pudieras?,** se rompe el círculo de la negación dando la posibilidad de que haya otras soluciones, tanto positivas como negativas.

En tu diálogo interno, cuando te digas **NO PUEDO,** lo que tienes que hacer de inmediato es preguntarte, **¿QUÉ PASARÍA SI PUDIERA?.** Rápidamente te surgirán acciones que podrás realizar y notarás sensaciones positivas que te empoderarán para llevarlo a cabo. Solo con hacerte la pregunta, tu mente ya empieza a considerar nuevas posibilidades.

> *"Cuantas más piedras encuentre en mi camino, más grande construiré mi castillo".*
>
> Carlos Pino

Amigo caminante, como ya te he dicho antes, este apartado como el anterior son muy importantes. ¡Te aseguro que tu vida cambiará si cambias tu lenguaje! ¡Cambiará la forma en que ahora ves tus posibilidades!

Identifica en qué ocasiones en tu diálogo interno te dices estos operadores tan, tan, tan limitantes y no dudes en echarlos fuera de tu vida. En cuanto los tengas identificados, ve a tu **cuaderno personal** y ponlos por escrito. ¡Ánimo!

Para reforzar este apartado tan interesante, por lo menos a mí me lo parece, te ofrezco este cuento anónimo. Léelo con atención y…¡Disfrútalo!

"LA MONTAÑA DE LAS DIFICULTADES"

"*En la selva vivían tres leones. Un día el mono, el representante electo por los animales, los convocó a una reunión para pedirles una toma de decisión:*

-Todos nosotros sabemos que el león es el más fuerte de los animales, pero hay una gran duda. En la selva existen tres leones. ¿Cuál de ellos podría ser nuestro líder?

Los leones supieron de la reunión y comentaron entre sí:

-Es verdad, la preocupación de los animales tiene mucho sentido. Una selva no puede tener tres líderes. Luchar entre nosotros no queremos, ya que somos muy amigos... Necesitamos saber cuál será el elegido pero... ¿Cómo descubrirlo?

Otra vez los animales se reunieron y, después de mucho deliberar, comunicaron a los tres leones la decisión tomada:

-Hemos encontrado una solución muy simple para el problema, y así hemos decidido que los tres van a escalar la Montaña Difícil. El que llegue primero a la cima será consagrado nuestro líder.

La Montaña Difícil era la más alta de toda la selva. El desafío fue aceptado y todos los animales se reunieron para asistir a la gran escalada.

El primer león intentó escalar y no pudo llegar.

El segundo empezó con todas las ganas, pero también fue derrotado.

El tercer león tampoco lo pudo conseguir y bajó derrotado.

Los animales estaban impacientes y curiosos. Si los tres fueron derrotados, ¿cómo elegiremos un líder?

En este momento, un águila, grande en edad y en sabiduría, pidió la palabra:

-¡Yo sé quién debe ser el líder!

Todos los animales hicieron silencio y la miraron con gran expectación...

-¿Cómo?- preguntaron todos.

-Es simple... dijo el águila. Yo estaba volando muy cerca de ellos y cuando volvían derrotados en su escalada por la Montaña Difícil escuché lo que cada uno dijo a la Montaña.

El primer león dijo: – ¡Montaña, me has vencido!

El segundo león dijo: – ¡Montaña, me has vencido!

> *El tercer león dijo: –¡Montaña, me has venci-*
> *do, por ahora! ya llegaste a tu tamaño final y*
> *yo todavía estoy creciendo.*
>
> *La diferencia, completó el águila, es que el tercer*
> *león tuvo una actitud positiva cuando sintió la*
> *derrota en aquel momento, pero no desistió...*
>
> *Su persona es más grande que su problema: él*
> *es líder de sí mismo, y está preparado para ser*
> *líder de la selva.*
>
> *Los animales aplaudieron entusiasmadamen-*
> *te al tercer león que fue nombrado líder".*

Amigo caminante, deseo que ante tu diálogo interno, ante tus dificultades personales o ante cualquier otra situación, en tu corazón quepa la posibilidad de decirte un POR AHORA me has vencido… **SOLO POR AHORA…**

3. **EJECUCIÓN PERDIDA.**

La ejecución perdida son oraciones, frases, **expresiones en las que comunicamos alguna creencia personal como si fuera totalmente verdadera y universal.**

Bastantes refranes y algunos cuentos con su moraleja también se pueden considerar ejecuciones perdidas. ¿Por qué? Básicamente, como es el caso de los refranes, no conocemos o sabemos la autoría y con el paso de los años y el uso repetitivo que les vamos dando quedan como verdades universales a las que nos acogemos para justificar ciertas situaciones, pero solo es la opinión de alguien vista desde "su realidad".

Ejemplos:

- "No por mucho madrugar amanece más temprano". Y ahora pienso yo en otro refrán que nos dice: "A quien madruga Dios le ayuda". No lo entiendo, ¿en qué quedamos?

Las preguntas del metalenguaje que podemos utilizar serían:

¿Quién dice eso?

¿Para quién es cierto eso?

¿En qué te basas para decir esto?

Estas preguntas nos harán caer en la cuenta de que es una distorsión de algún suceso concreto y contextualizado.

- "Tanto tienes, tanto vales".

Si lo interpretamos en sentido literal, ¿qué me quieres decir? ¿Que mi valor como persona lo fija mi economía? ¿Que la escala de valores aumenta tu poder adquisitivo? Primero es la persona y después todo lo demás…

¿Quién dice eso?

¿En qué te basas para decir esto?

En el caso de los cuentos y sus moralejas os comparto un cuento que comenta en la web *tentulogo.com,* José Vicente Rojo.

"LA FÁBULA DE LA LECHERA"

"La hija de un granjero llevaba un recipiente lleno de leche a vender al pueblo, y empezó a hacer planes futuros:

- Cuando venda esta leche, compraré trescientos huevos. Los huevos, descartando los que no nazcan, me darán al menos doscientos pollos.

Los pollos estarán listos para venderlos cuando su precio esté en lo más alto, de modo que para fin de año tendré suficiente dinero para comprarme el mejor vestido para asistir a las fiestas.

Cuando esté en el baile todos los muchachos me pretenderán, y yo los valoraré uno a uno.

Pero en ese momento tropezó con una piedra, cayendo junto con la vasija de leche al suelo, regando su contenido.

Y así todos sus planes acabaron en un instante.

Moraleja:

*No seas ambiciosa de mejor y más próspera fortuna,
que vivirás ansiosa sin que pueda saciarte cosa alguna.*

*No anheles impaciente el bien futuro,
mira que ni el presente está seguro".*

"Imagino que ya con la atención encendida hayas alucinado al recordar este cuento. ¿Viste la moraleja? Viene a decir: No seas una persona ambiciosa, no sueñes, no imagines un futuro más próspero, más bien, tenle miedo hasta al mismísimo presente.

Es una fábula perfecta para ser un trabajador resignado, lo opuesto a un emprendedor. Es limitante y te está diciendo que dejes de soñar para prestar atención a tu presente, ¡no vayas a perder lo poco que tienes!

Está claro que hay que vivir en el presente, que no hay que quedarse ensimismado por lo que podrá ser, pero **igual de importante que es estar presente, es saber visualizar y planificar nuestro futuro, tener un plan, un propósito, tratar de ser mejor persona en todos los sentidos.**

Y es que desgraciadamente, este cuento ha calado en lo más profundo de la sociedad, y siempre que alguien le cuenta su plan o idea a otras personas, no falta el oportunista y "original" que sentencia: "Bueno, ten cuidado no vaya a ser como el cuento de la lechera", generando automáticamente un torrente de negatividad, temores e inseguridades provenientes de las asociaciones que tan bien amaestradas tenemos desde niños.

Hemos sido domesticados desde pequeños para ser ejemplares trabajadores, todo el sistema educativo se basa en ello. Y tampoco está mal hasta cierto punto. Pero **lo que sí está mal es que nuestra educación se base en miedos, en temores, ya que el miedo paraliza, no permite que avancemos"**.

Me parece muy acertado este comentario. Espero, amigo caminante, que a ti también te haya gustado y, sobre todo, que hayas descubierto que tú y yo somos los únicos que decidimos sobre nuestros sueños e ilusiones.

Espero que tengas claro que **posees la capacidad de conseguir todo lo que te propongas y de superar cualquier obstáculo que encuentres en tu camino para alcanzar tus metas y objetivos**...¡Aunque se te rompa la vasija y pierdas toda la leche!

Amigo caminante, seguimos avanzando por el maravilloso mundo del lenguaje y las palabras. ¿Contento con este aprendizaje nuevo? ¿Has descubierto aspectos interesantes?

¡Estoy segura de que SÍ! ¡Seguimos!

Este nuevo apartado que vamos a comenzar espero que también "te abra los ojos" a una nueva realidad. Junto con el anterior, para mí, contiene una gran riqueza y un desafío como persona que busca mejorar constantemente en su vida.

¡Te espero impaciente en el siguiente capítulo!

RESUMIENDO... ¿QUÉ SON LAS GENERALIZACIONES?

✓ El **metalenguaje 2** tiene la intención de **ampliar la percepción** de la otra persona, ampliar su mundo, ayudarle a darse cuenta de que está siendo "simplista" en sus comprensiones.

✓ Las generalizaciones se clasifican en: **cuantificadores universales, operadores modales y ejecución perdida**.

✓ Los cuantificadores universales **extienden a una colectividad un caso o ejemplo.**

✓ Los operadores modales expresan creencias que tenemos y **nos obligan a vivir de una determinada manera que nosotros mismos nos imponemos**.

- Necesidad: Tengo que, debería…

- Posibilidad: No puedo, soy incapaz de…

✓ La ejecución perdida son expresiones en las que comunicamos alguna creencia personal como si fuera totalmente verdadera y universal.

4

ENFOCANDO EL LENGUAJE

METALENGUAJE 2: DISTORSIONES

Amigo caminante,

Jamás *diría que ya estamos nuevamente aquí,* **nunca** *lo pensé y* **nadie** *me lo aseguró porque* **todos** *somos diferentes.*

¡Uf! Me ha costado un poco construir estas oraciones. La intención era gastarte una broma con los **universales**.

Seguimos con el metalenguaje, vas a seguir descubriendo aspectos novedosos y muy interesantes.

Las distorsiones son procesos en los que **manipulamos la realidad, cambiando nuestra percepción y modificamos nuestra experiencia para adaptarla a lo que nos conviene.**

Es lo que yo, en varias ocasiones, he denominado "pelotas fuera", es decir, hacemos responsables de nuestros sentimientos a otras personas o a los acontecimientos.

Y ya sabemos que **los únicos responsables de nuestras emociones somos nosotros mismos.** Todo lo que sea no asumir nuestra responsabilidad es un mecanismo de defensa, es una manera de sobrevivir a las emociones y tolerarlas mejor.

Las distorsiones se clasifican en:

1. **NOMINALIZACIÓN.**

Estamos utilizando una nominalización **cuando convertimos un verbo en un sustantivo.** El verbo indica una acción, un proceso y lo convertimos en un hecho consumado.

Los sustantivos que utilizamos son abstractos, es decir, tú no los puedes tocar o gustar u oler. No tienen una consistencia real.

Ejemplos de estos sustantivos sería: amor, alegría, amistad, libertad, pasión, solidaridad, reconocimiento...

Es curioso comprobar cómo parece que todos entendemos lo mismo por solidaridad, amor, libertad... pero cuando empezamos a indagar con preguntas nos damos cuenta de que cada uno entendemos aspectos diferentes sobre lo que para mí y para ti es la solidaridad, el amor y la libertad.

El arte, mediante las preguntas, **consiste en que la persona que expresa la nominalización**- el sustantivo abstracto- **vuelva a utilizar el verbo**. De esta manera, no se queda en un estado de parálisis, en un hecho consumado, sino que le damos otras oportunidades de pensar en forma de proceso. **Nuevas posibilidades de reflexión y de encontrar soluciones.**

Ejemplos:

- "Tengo depresión".

  ¿Qué es lo que te deprime?

  ¿Cómo te deprimes?

- "En esta organización no hay respeto".

  ¿De qué manera no se está respetando?

  ¿A quién no se le respeta?

- "La preocupación me paraliza".

  ¿Qué es lo que te preocupa?

- "El temor me bloquea".

  ¿Qué es a lo que temes?

Es el momento de que te observes y te des cuenta de las veces que utilizas estos sustantivos en vez de los verbos que indican un proceso.

Ve a tu **cuaderno personal** y desafíate con las preguntas que ya has aprendido a hacer.

Si otra persona de tu entorno utiliza la nominalización, no dudes en ayudarle mediante el metalenguaje a que se dé cuenta de su distorsión.

2. **CAUSA-EFECTO.**

Creemos que **algo o alguien es el responsable directo de una respuesta que damos**. Relacionamos dos acontecimientos que no necesariamente tienen que tener relación y, por tanto, creamos una relación de causa-efecto.

Te pongo un ejemplo.

Empecemos con esta expresión: **"Me pones nerviosa"**

Tal y como lo he dicho, eres TÚ quien me pone nerviosa o TÚ eres la causa de que yo me ponga nerviosa.

Así expresado, yo no tengo ninguna opción de actuar de otra manera. TÚ ejerces un poder sobre mí y TÚ eres la persona responsable de mi estado emocional.

¡Uy, uy, uy! ¡No sé, no sé…! Y yo que pensaba que cada uno de nosotros- tú o yo- somos los únicos responsables de lo que pensamos, sentimos, deseamos…

¿Es así? ¿Estoy equivocada? Amigo caminante, creo que de una manera indirecta ya hemos hablado de este tema tan importante. Recuerda que en el primer libro **Acaricia tu mundo** hablamos de la emociones y que cada uno de nosotros somos los dueños de ellas. Mejor dicho, vamos trabajando para que, paso a paso, vayamos siendo cada vez más, dueños de nuestras emociones.

Piensa que nadie domina tu VIDA y que tú tampoco dominas la de nadie. Pensar lo contrario es muy limitante y angustiante.

¡TÚ ERES EL ÚNICO RESPONSABLE DE TUS SENTIMIENTOS!

Retomamos el ejemplo anterior:

- **"Me pones nerviosa"**

Las preguntas del metalenguaje que podemos utilizar para que el interlocutor amplíe su percepción y genere nuevas respuestas son:

¿Cómo hago concretamente para ponerte nerviosa?

¿Mediante qué proceso te hago tener esa reacción?

¿Podrías reaccionar de otra manera?

La oración bien expresada sería:

"Cuando tú haces... (eso), yo me pongo nerviosa".

Ejemplos:

- "El tono de su voz me irrita"

  ¿Cómo hace específicamente su voz para irritarte?

  La oración bien expresada sería:

  "Cuando utilizas ese tono, me irrito".

- "Cuando chilla me enfurece"

  ¿Cómo hace concretamente su chillido para enfurecerte?

  La oración bien expresada sería:

  "Cuando chilla, me enfurezco".

- "Cuando me mira hace que me sonroje".

  ¿Qué hay en su mirada que hace que te sonrojes?

  La oración bien expresada sería:

  "Cuando me mira, me sonrojo".

- "El tiempo me deprime"

  ¿Cómo concretamente el tiempo te hace deprimirte?

  ¿Qué hay en el tiempo que hace que te deprimas?

  La oración bien expresada sería:

  "Cuando hace mal tiempo, me deprimo".

¡TIENES EL PODER DE ELEGIR! ¡TÚ ELIGES CÓMO REACCIONAR!

Amigo caminante, doy por hecho que has captado la importancia de este apartado y lo relevante que es para tu crecimiento personal ir trabajándolo.

Ya sabes que el primer paso para cambiar nuestra vida es ser consciente, tomar conciencia de lo que decimos, sentimos, hacemos y deseamos.

Te animo a que identifiques esas ocasiones en las que das poder al otro sobre ti e intentes cambiar tu percepción de la situación mediante el metalenguaje.

En cuanto las tengas identificadas, ve a tu **cuaderno personal** y ponlas por escrito. ¡Merece la pena avanzar en la vida! **¡Si te estancas, retrocedes!**

> *"Si no puedes volar entonces corre, si no puedes correr entonces camina, si no puedes caminar entonces arrástrate, pero sea lo que hagas, sigue moviéndote hacia delante".*
>
> Martin Luther King Jr.

3. **LECTURA MENTAL.**

Estamos realizando una lectura mental cuando **estamos seguros de lo que la otra persona piensa, cree, siente, desea... Entramos en el juego de "adivinar" lo que le está pasando por la mente a nuestro interlocutor.**

Expresiones como esta: **"Sé muy bien como te sientes"** delatan esta distorsión que se ha apoderado de nosotros.

Aunque nuestra intención es mostrar cercanía y compasión, en muchas ocasiones estas "adivinaciones", como la que he puesto de ejemplo, pueden llevar a malos entendidos, dolor o resentimiento.

Esta lectura mental la hacemos a menudo y en muchas ocasiones proyectamos nuestros sentimientos, deseos, pensamientos...y nos creemos con total seguridad que son de la otra persona.

Existen **dos formas diferentes de leer la mente**:

- **Yo sé lo que piensa, desea… la otra persona**.

" Adela es infeliz".

"Yo sé lo que quiere".

- **El otro tiene el "poder" de leer mi mente.**

De este modo si el otro puede leer mi mente puedo usarlo para culparle cuando no satisface, no entiende, no comprende algo que me pasa a mí y debería hacerlo.

"Si me quisieras, deberías saber que esto es lo que quería".

Las personas que utilizan esta manera de comunicarse no son claras en sus deseos y **se supone que tienen que ser los otros quienes lo han de saber**. Esto puede desembocar en conflictos importantes.

Las preguntas del metalenguaje que podemos realizar para cuestionar la lectura mental son:

¿Cómo lo sabes?

¿Qué es lo que sabes?

Retomando el ejemplo anterior:

- "Sé muy bien como te sientes".

  ¿Cómo me siento?

  ¿Qué sabes concretamente de cómo me siento?

Ejemplos:

- "Conozco tus intenciones"

  ¿Cuáles son mis intenciones?

  ¿Qué es lo que sabes de mis intenciones?

- "Sabía que le iba a gustar el regalo".

  ¿Cómo lo sabías?

  ¿Qué sabías en concreto?

- "Estoy decepcionada porque no tienes en cuenta mis deseos"

  ¿Cómo lo he de saber?

  ¿Qué he de saber concretamente?

- "A tu amigo no le caigo bien"

Y… ¿cómo sabes que no le caes bien?

¿Qué comportamiento tiene contigo para que pienses eso?

¡Ea! ¿Alguna pregunta más?

¡Uf! Estás aprendiendo un montón de cosas nuevas que te van a ayudar mucho en tu trabajo personal y en tus relaciones, aunque ve con cuidado porque las personas están poco acostumbradas a todos estos interrogatorios y, tal vez, lo que consigas sea un pequeño "bufido" o un resoplo.

Te ofrezco este cuento tradicional de la sabiduría Sufi, ¿adivinas cuál es? Ja, ja…

"EL REY QUE ADIVINÓ SU FUTURO"

"*Un monarca que era además astrólogo leyó en las estrellas el día y la hora en que lo alcanzaría el infortunio.*

Entonces, construyó una casa de roca y apostó varios guardias para custodiarla.

Un día, mientras estaba dentro, se dio cuenta de que aún podía ver la luz del sol. Encontró la hendija y la selló para evitar que la desgracia entrara. Al bloquear esta puerta se volvió prisionero por sus propias manos.

Y debido a esto el rey murió".

Amigo caminante, ahora es un buen momento para que vayas a tu **cuaderno personal** y anotes esas "adivinaciones" que haces de las personas. Si no recuerdas en este momento ninguna, ¡mejor! Señal de que no la has utilizado o… ¡Tienes mala memoria!

En cualquier caso, puedes acudir a él cuando te des cuenta o seas consciente. Este es el primer paso de muchos más en el perfeccionamiento de tu lenguaje que te ayudará a entenderte mejor personalmente y también a las personas con las que te relacionas cada día.

¡Seguimos! Es tan interesante todo esto que te cuento que estoy emocionada e impaciente por seguir. ¿A ti también te lo parece? ¿Seguimos? ¡Claro que sí!

4. **PRESUPOSICIONES.**

Cuando utilizamos las presuposiciones **estamos dando por cierto una información que implica que existe una suposición** previa, es decir, que no es real, pero la persona la considera como tal.

En las presuposiciones se **reflejan las creencias y expectativas** que poseemos sobre nosotros mismos, las personas, el mundo, la vida…

Las presuposiciones las sacamos de nuestra experiencia personal y funcionan a nivel inconsciente.

Estas tienen un carácter limitante en nuestra comunicación porque estamos realizando suposiciones que no se basan en hechos realmente observados.

Para sacar a la luz la realidad que se oculta en la presuposición se pueden realizar diferentes preguntas del metalenguaje.

Te voy a poner varios ejemplos en los que lo verás rápidamente.

En nuestra comunicación las utilizamos con bastante asiduidad, lo que puede provocar en nuestro interlocutor, según la suposición que emitamos, descontento, desconfianza y malestar por lo que acabamos de suponer de él.

Ejemplos:
- "Si me entendiera no me diría esas cosas".

Las preguntas que podemos realizar o nos podemos realizar para desafiar esta argumentación serían:

¿Cómo sabes que no te entiende?

¿Qué tiene que entender?

- "¿Por qué no estudias más?"

¿Qué te hace creer que no estudio lo suficiente?

¿Más…, según qué o quién?

* "Lo entenderás cuando seas mayor".

  ¿Qué tengo que entender?

  ¿Puedo entenderlo ahora?

* "Si escuchas, lo entenderás"

  ¿Qué te hace pensar que no estoy escuchando?

Es el momento de pensar y descubrir en ti, amigo caminante, las veces que has utilizado una presuposición y, sobre todo, las ocasiones que al utilizarla has podido ofender o dañar a la otra persona.

Tómate tu tiempo para reflexionar, "las prisas no son buenas consejeras", este trabajo de cuidar nuestro lenguaje es un trabajo de "largo recorrido".

Cada día es una nueva meta. **Te puedes proponer mejorar en un aspecto concreto del lenguaje y cuando encuentres un cambio, te propones otra meta y así paso a paso.** Sin dejar de avanzar. En ese avance está nuestro crecimiento como personas y nuestra satisfacción de que somos capaces de cambiar en la vida.

> *"Las palabras son como el acero: hay que calentarlas y enfriar adecuadamente para que sean fuertes y útiles"*.
>
> Anónimo

Así pues, cuando puedas o quieras puedes ir anotando en tu **cuaderno personal** las suposiciones que vas realizando en tu comunicación y de las que vas siendo consciente para ir mejorando tus palabras.

Las distorsiones a nivel de lenguaje nos influyen personalmente e influyen en las personas con las que nos comunicamos. Nuestras imaginaciones, aunque no las manifestemos a nivel de lenguaje, también son distorsiones a nivel de realidad percibida y también nos influyen.

Te propongo que leas este cuento en el que hay una distorsión a nivel de imaginación. ¡Cuántas veces nos ha pasado esto! ¡Verás!

"Cuentan de un hombre que durante la noche en una selva oscura y solitaria, escuchaba aterrado los latidos de su propio corazón que le parecían los de un gigantesco enemigo, y de pronto lo vio, lo vio allá lejos, una sombra terrible que le dejó la sangre congelada en las venas.

Lo veía avanzar hacia él, y parecía un amenazador y enorme orangután cuyas pisadas sacudían el suelo al andar, ¿qué haría?, ¿correr? ¡Imposible escapar en aquella soledad!, ¿esconderse?, el animal parecía haberle visto ya, pues venía hacia él derecho, ¿defenderse con el cuchillo que tenía? ¡Esa era su única esperanza!.

Se escondió tras un árbol y esperó, mientras su corazón latía cada vez más aceleradamente. Pero según se acercaba la sombra, esta se empequeñeció y ahora podía ver con claridad que no era un orangután, sino un hombre, ¿un amigo?

Mantuvo bien apretado en su mano el cuchillo, no se le echara encima sin que él se diera cuenta, y la figura avanzaba y avanzaba, y en aquel momento un rayo de luna iluminó el rostro del que venía, y el hombre perdido en la selva, descubrió que aquel que llegaba era su hermano, y que venía con los brazos bien abiertos para abrazarle.

Fue un malentendido lo que produjo todos sus miedos, y pudo aquel malentendido ser causa de la muerte, tal vez de los dos.

La luz aclaró lo que la sombra oscurecía, y es que los hombres no reñimos por maldad, sino por falta de luz, por falta de diálogo y por sobra de malentendidos".

5. **EQUIVALENCIA COMPLEJA.**

Se produce una equivalencia compleja en nuestro lenguaje cuando **conectamos dos experiencias que no tienen nada que ver la una con la otra.**

En la equivalencia compleja una parte es una experiencia y/o comportamiento externo y la otra parte es un estado interno unido por una creencia.

Son conclusiones que sacamos por las creencias que tenemos.

Las preguntas que podemos hacer a la persona para sacarle de esa equivalencia irían enfocadas a que la persona dude o se pregunte si puede ser de otra manera.

Ejemplos:

- "No me da un beso. Mi pareja ya no me quiere".

    ¿Siempre que no te da un beso es porque no te quiere?

    Cuando tú no le das un beso, ¿es porque no la quieres?

    ¿Cómo has llegado a esa conclusión?

- "Ella se va con sus amigas el domingo, ya no me quiere".

    ¿Siempre que sale significa que no te quiere?

Cuando tú te vas con tus amigos, ¿tú no la quieres a ella?

¿Cómo concretamente el salir significa que no te quiera?

- "No me llamas, no te importo".

  ¿En qué te basas, aparte de que no te llamo, para pensar así?

  ¿Siempre que no te llamo significa que no me importas?

  Cuando tú no me llamas, ¿significa que no te importo?

  ¿Cómo concretamente no me importas?

Después de leer y aprender sobre la equivalencia compleja y ahora que te has hecho consciente, estoy casi segura de que te ha venido a la mente algún comentario parecido que tú has hecho.

Recuérdalo con claridad y apúntalo en tu **cuaderno personal**. Cuantas más cosas vayas apuntado, más consciente irás siendo del lenguajes que utilizas para hablarte a ti mismo y del que utilizas en las conversaciones que mantienes con las personas.

El objetivo de utilizar el metalenguaje es completar la información que nos falta en nuestra comunicación para comprender a la otra persona, acercarnos a la estructura profunda y comprender su experiencia.

Lo importante no es que sepas identificar en el uso del lenguaje si es una omisión, una falta de índice referencial o una equivalencia compleja. **Lo importante es que sepas que falta información y preguntes para entender y comprender mejor.**

Amigo caminante, las palabras importan…y mucho. Como ya te he dicho ejercen sobre nosotros un poder hipnótico. ¡Cuídalas! ¡Mímalas!

> *"Hablar es gratis pero el hombre sabio elige cuándo gastar sus palabras".*
>
> Neil Gaiman

Y para acabar este magnifico recorrido por las distorsiones del lenguaje, te ofrezco un sabio cuento japonés.

"EL PODER DE LAS PALABRAS".

"Había una vez un samurái que era muy diestro con la espada y a la vez muy soberbio y arrogante. De alguna manera, él sólo se creía algo y alguien cuando mataba a un adversario en un combate y, por eso, buscaba continuamente ocasiones para desafiar a cualquiera ante la más mínima afrenta. Era de esta manera como el samurái mantenía su idea, su concepto de sí mismo, su férrea identidad.

En una ocasión, este hombre llegó a un pueblo y vio que la gente acudía en masa a un lugar. El samurái paró en seco a una de aquellas personas y le preguntó:

-¿A dónde vais todos con tanta prisa?

- Noble guerrero- le contestó aquel hombre que, probablemente, empezó a temer por su vida-, vamos a escuchar al maestro Wei.

-¿Quién es ese tal Wei?

-¿Cómo es posible que no le conozcas, si el maestro Wei es conocido en toda la región?

El samurái se sintió como un estúpido ante aquel aldeano y observó el respeto que aquel hombre sentía por ese tal maestro Wei y que no parecía sentir por un samurái como él. Entonces decidió que aquel día su fama superaría a la de Wei y por eso siguió a la multitud hasta que llegaron a la enorme estancia donde el maestro Wei iba a impartir sus enseñanzas.

El maestro Wei era un hombre mayor y de corta estatura por el cual el samurái sintió de inmediato un gran desprecio y una ira contenida.

Wei empezó a hablar:

- En la vida hay muchas armas poderosas usadas por el hombre y, sin embargo, para mí, la más poderosa de todas es la palabra.

Cuando el samurái escuchó aquello, no pudo contenerse y exclamó en medio de la multitud:

- Sólo un viejo estúpido como tú puede hacer semejante comentario. Entonces sacando su katana y agitándola en el aire, prosiguió: -Ésta sí que es un arma poderosa, y no tus estúpidas palabras.

Entonces Wei, mirándole a los ojos, le contestó:

- Es normal que alguien como tú haya hecho ese comentario; es fácil ver que no eres más que un bastardo, un bruto sin ninguna formación, un ser sin ningunas luces y un absoluto hijo de perra.

Cuando el samurái escuchó aquellas palabras, su rostro enrojeció y con el cuerpo tenso y la mente fuera de sí empezó a acercarse al lugar dónde Wei estaba.

- Anciano, despídete de tu vida porque hoy llega a su fin.

Entonces, de forma inesperada, Wei empezó a disculparse:

- Perdóname, gran señor, sólo soy un hombre mayor y cansado, alguien que por su edad puede tener los más graves de los deslices. ¿Sabrás perdonar con tu corazón noble de guerrero a este tonto que en su locura ha podido agraviarte?

El samurái se paró en seco y le contestó:

-Naturalmente que sí, noble maestro Wei, acepto tus excusas.

En aquel momento Wei le miró directamente a los ojos y le dijo:

-Amigo mío, dime: ¿son o no poderosas la palabras?"

¡Te espero en la siguiente página! ¡Sin prisas! Cuando tengas un momento, ¡nos vemos! Mientras… disfruta de la vida, de las personas que te rodean y de tus palabras.

¡Hasta pronto!

RESUMIENDO... **¿QUÉ SON LAS DISTORSIONES?**

✓ Las distorsiones son procesos en los que **manipulamos la realidad y modificamos nuestra experiencia para adaptarla a lo que nos conviene.**

✓ Las distorsiones se clasifican en: nominalizaciones, causa-efecto, lectura mental, presuposiciones y equivalencia compleja.

✓ **Nominalización:** convertimos un verbo en un sustantivo.

✓ **Causa-efecto**: algo o alguien es el responsable de nuestra respuesta.

✓ **Lectura mental:** jugamos a "adivinar" lo que está pasando por la mente de nuestro interlocutor.

✓ **Presuposiciones**: suposiciones que creemos que son ciertas.

✓ **Equivalencia compleja**: conectamos dos experiencias que no tiene nada que ver la una con la otra.

5

PALABRAS MÁGICAS

¡Qué, amigo caminante! ¿Aturdido de tantas palabras? ¡Estoy segura de que no! Es más...estás encantado de haber descubierto este mundo del lenguaje.

Quiero insistir en que vayas anotando lo que te voy sugiriendo en tu **cuaderno personal**. Es muy, muy importante que lo hagas. El primer paso para ir cambiando nuestro lenguaje es ser conscientes de cuál utilizamos, cuándo lo utilizamos y cómo lo utilizamos.

Sin este paso previo, es difícil que cambiemos nuestros hábitos de lenguaje y escribirlo te ayudará a esa toma de conciencia para poder así intervenir, poco a poco, en ese cambio.

Puede que tengas tus resistencias al principio, pero según lo vayas poniendo en práctica verás los buenos resultados que obtienes y te animarás.

¡SERÁS UN AS EN EL USO DEL LENGUAJE!

Y espera, espera… este capítulo también te va a ayudar mucho. Ya me lo dirás...

Puedes enviarme un mail al correo que tienes en el apartado **Cuéntame que te ha parecido el libro** y me lo comentas, estaré satisfecha de comprobar tus avances.

Para facilitártelo, te recuerdo el mail: esperanzasebastianlozano@gmail.com

¡No dudes en contactar conmigo!

Estoy impaciente por comenzar este nuevo capítulo que va a ser muy revelador para tu proceso de cambio y reciclaje lingüístico.

¡Este es el capítulo de las PALABRAS MÁGICAS!

¡Al ataque…! 3, 2, 1…¡Comenzamos!

1. **NUESTRO GRAN CONOCIDO Y LLAMATIVO "NO".**

Lo primero de todo que vas a hacer es NO pensar en una cebra morada con rayas rosas.

¡Vaya! ¿Qué me estás diciendo?

Pues eso, que NO pienses en una cebra morada con rayas rosas. ¿Qué te ha pasado? Supongo que NO has pensado. O… ¿sí?

Lo más probable es que en tu mente haya aparecido una original cebra.

Y te preguntarás, ¿por qué?

Porque **la negación no existe en nuestra mente a nivel de imágenes, sonidos o sensaciones** que serían nuestras experiencias primarias. **El "no" solo existe en representaciones simbólicas como es el lenguaje** que es una experiencia secundaria.

¿Qué quiero decirte con esta explicación que te he dado? Que tú no te puedes imaginar una "no cebra morada con rayas rosas". Primero de todo, tienes que imaginarte a la cebra con sus cualidades "especiales" y después negarla en tu mente. Difícil, ¿no?.

¡TACHÁN...!

Ante tal descubrimiento, entenderás que **lo que estás haciendo cuando das una orden que comienza
por un enorme NO es consolidar la segunda parte.**

Cuando dices:

- "No hables con la boca llena".

- "No me grites".

- "No corras con el coche".

- "No me olvides".

Lo que realmente estás diciendo- lo que procesa tu cerebro- es la segunda parte: habla con la boca llena, grita, corre y olvídame.

Ya puedes entender por qué tus hijos no te hacen caso cuando les das ciertas órdenes. Lo positivo es que, ahora, puedes cambiar tu estrategia.

En vez de expresar lo que no quieres que hagan, **encamina tus palabras hacia lo que sí que deseas** realmente:

- "Habla cuando acabes de masticar".

- "Baja el tono de voz".

- "Sé prudente con el coche".

- "Recuérdame con cariño".

Desde ya, y en todos los ámbitos en los que te mueves- familia, amigos, trabajo-, da las órdenes concretando lo que realmente quieres y no lo que no quieres.

Según un estudio realizado por la psiquiatra Alia-Klen se comprobó que el pronunciar la palabra "no" aumenta nuestra actividad cerebral en la amígdala, que es la parte que denominamos el cerebro emocional, es decir, nos afecta emocionalmente.

De estos estudios también se concluyó que nuestro cerebro actúa más rápidamente cuando oímos un "no" que un "sí". Después de siglos de evolución, los

seres humanos todavía poseemos circuitos neurona-
les que nos activan para protegernos y defendernos.

Con todo esto que te he explicado espero que el uso
del "no" te haga reflexionar de cómo te sientes al re-
cibirlo y cómo haces sentir a quienes lo escuchan de
tu boca.

Te propongo que vayas a tu **cuaderno personal** y
anotes, poco a poco, las ocasiones en las que "te
pilles" utilizando esta palabra y también que apuntes
alguna situaciones en las que tú has escuchado ese
"no" dirigido a ti.

También te pido que si quieres mejorar en el uso del
lenguaje anotes lo que realmente quieres conseguir
al dar una orden.

Amigo caminante, vamos a la segunda palabra mági-
ca… Más bien palabras. Estas, como el "no" también
ejercen cierto poder sobre las personas que lo escuchan.

**¡Te vas a convertir en un auténtico mago de las
palabras!**

2. POR QUÉ vs PARA QUÉ

Estamos tan habituados en nuestra comunicación a preguntar **"¿por qué?"** que es una pregunta que **se ha quedado "vacía" de tanto utilizarla.**

Pensamos que es la mejor interrogación que posee nuestro lenguaje para saber o descubrir todo lo que necesitamos.

¿Por qué haces eso?

¿Por qué estudias inglés?

¿Por qué compras flores a tu madre?

¿Por qué me has mentido?

¿Por qué…?

Este tipo de preguntas nos llevan, te llevan, a **dar explicaciones vacías, justificaciones y excusas.** Es difícil sacar una buena información de ellas.

Estas preguntas **tienen un procesamiento lineal: pregunta-respuesta.** Y como ya he dicho, la respuesta, muchas veces, no nos saca de la duda.

Voy a responderte las preguntas de una manera conocida por ti, y es una suposición.

Si le preguntas a tu hijo/a o alumno o compañero o...

¿Por qué haces eso?

La información que recibes puede ser como:

- Porque sí.

- Porque me da la gana.

¿Por qué estudias inglés?

- Porque me gusta.

- Porque me obligan mis padres.

- Porque hay que saber idiomas.

¿Por qué compras flores a tu madre?

- Porque le gustan.

- Porque es su cumpleaños.

¿Por qué me has mentido?

- No sé.

- Porque sí.

¡Uf! ¡Qué barbaridad de información has obtenido! ¡Estoy abrumada a la par que colapsada! Y también… un poco irritada con alguna respuesta.

Lo que te decía… estructura lineal, poca información valiosa y excusas.

Ahora viene el **"quid de la cuestión", la esencia interrogativa.**

CAMBIA "POR QUÉ" POR "PARA QUÉ"

Cuando usamos el "para qué" convidamos, **incitamos a la otra persona a que busque en su interior la finalidad real de sus actos. Le lleva a la intención verdadera que guarda en su interior.**

No es una pregunta con un proceso lineal, es una pregunta con un **proceso circular**. Ha de buscar dentro de él la respuesta.

Te he de decir que como no estamos acostumbrados a que nos hagan este tipo de preguntas, puede que el otro se sorprenda y no sepa qué contestarte. En tal caso, paciencia. Lo descubrirá a través de la reflexión y de la apertura.

Vamos a formular nuevamente las preguntas del principio cambiando el interrogativo.

¿Para qué haces eso?

¿Para qué estudias inglés?

¿Para qué compras flores a tu madre?

¿Para qué me has mentido?

¿Cómo te suenan estas nuevas preguntas? ¿Crees que cambia su sentido? ¿Cómo te sentirías si te las hicieran a ti?

Comprueba si puedes dar las mismas respuestas de antes ante estas nuevas preguntas.

¿Para qué haces eso?

- Porque sí.

- Porque me da la gana.

¿Para qué estudias inglés?

- Porque me gusta.

- Porque me obligan mis padres.

- Porque hay que saber idiomas.

¿Para qué compras flores a tu madre?

- Porque le gustan.

- Porque es su cumpleaños.

¿Para qué me has mentido?

- No sé.

- Porque sí.

Como puedes comprobar las respuestas no está respondiendo, y valga la redundancia, a la pregunta que hemos realizado.

Las respuestas pueden ser variadas aunque siempre **responderán a tres ejes fundamentales: defender algo, defendernos de algo y salvaguardar una necesidad básica**- seguridad, protección, afecto…-.

Vamos a contestar las preguntas y luego te explico con un poco más de detalle lo de las **necesidades básicas***.

¿Para qué haces eso?

- Para que mi pareja esté orgullosa de mí.

- Para que mis compañeros me acepten.

- Para que vean que cumplo con mi palabra.

- Para…

¿Para qué estudias inglés?

- Para poder estudiar en un país extranjero.

- Para tener mejor preparación profesional.

¿Para qué compras flores a tu madre?

- Para hacerle feliz.

- Para expresarle mi cariño.

¿Para qué me has mentido?

- Para que no te enfadaras conmigo.

- Para que te sintieras orgulloso/a de mí.

¿Qué?¿Has notado alguna diferencia importante en las respuestas? ¿Qué estás pensando? Me encantaría saberlo, pero…

Ya sabes que puedes contarme lo que quieras mandándome un mail al correo que ya te he dicho anteriormente. ¡Qué ilusión me hará saber de ti!

Y*… como lo prometido es deuda, te voy a explicar esto de las **necesidades básicas**.

Utilizando la nomenclatura adecuada, te hablo de "**La jerarquía de las necesidades humanas**".

Abraham Maslow, psicólogo humanista, desarrolló una **teoría sobre la motivación** en el ser humano.

En esta teoría, Maslow, defiende que el hombre se mueve por el impulso de satisfacer una serie de necesidades.

Esta jerarquía, a menudo, fue expresada en forma de pirámide, de ahí que a su teoría también se le denomine **"La pirámide de Maslow"**.

La pirámide está ordenada de manera ascendente según las necesidades que atravesamos todas las personas, desde las más básicas- las fisiológicas- hasta la que culmina la pirámide que es la autorrealización.

Según vamos satisfaciendo las necesidades más básicas, vamos buscando satisfacer otras más elevadas siguiendo la escala.

1. **Necesidades fisiológicas:** estas son las básicas para todo ser humano, aseguran nuestra supervivencia: comer, beber, vestirse, respirar y reproducirse.

2. **Necesidades de seguridad:** seguridad física-salud-, seguridad económica- ingresos- y protección.

3. **Necesidades sociales:** sentimiento de pertenecer a un grupo, familia, amigos, pareja…

4. **Necesidades de reconocimiento:** de ser valorado, confianza e independencia personal.

5. **Necesidades de autorrealización:** es la necesidad de sentirse bien con uno mismo, de sentir que tu vida tiene sentido y del éxito personal.

Se ha de tener en cuenta que no todo el mundo va a poder llegar a satisfacer sus necesidades de AUTORREALIZACIÓN porque en ese transitar por los diferentes escalones de la pirámide se puede encontrar con conflictos internos que le impidan avanzar.

Lo fundamental de esta teoría es que en nuestra vida, tu vida y mi vida **nuestras acciones van encaminadas consciente e inconscientemente a satisfacer las necesidades** que en ese momento tenemos: alimentación, salud, seguridad, confianza, amor, éxito, crecimiento personal…

Resumiendo… toda esta explicación viene al hilo de que preguntando el "para qué" hacemos que la otra persona entre en su interior y dé una respuesta más profunda y en la que deja ver sus necesidades.

Amigo caminante, no esperaba contarte tantas cosas como han ido apareciendo a lo largo de este apartado. Si ha sido así, estoy segura de que es por algo, aunque en este momento ni tú ni yo lo sepamos. ¡Demos "rienda suelta" a nuestra confianza!

¡Uy! Se me olvidaba invitarte a ir a tu **cuaderno personal** para tomar conciencia de las oportunidades que tienes cada día, en el uso de tu lenguaje, para preguntar un "¿para qué?" en vez de un "¿por qué?"

Escribe cuál ha sido el resultado al cambiar una pregunta por la otra. ¿Cómo ha reaccionado la persona a quién iba dirigida la pregunta? ¿Cómo ha sido la respuesta que te ha dado?

Además de estas preguntas puedes escribir todo lo que a ti te ayude. ¡Es tu cuaderno!

Espero que este capítulo y sus palabras mágicas lo sean de verdad para ti desde el momento que empieces a utilizarlas. ¡Notarás los cambios enseguida!

Y para acabar… Qué mejor que hacerlo con una enseñanza única, la sabiduría de un aleccionador cuento procedente de oriente.

"Una mujer tenía un hijo joven que se puso enfermo. El médico le dijo que su única cura residía ya en tomarse una pócima a la vez que permanecía en ayuno una semana.

Pero el joven se encontraba en apariencia bien, y era incapaz de ayunar un solo día, a pesar de las continuas advertencias de su madre y el médico.

Un día, la mujer oyó hablar de un sabio que vivía en un lugar lejano y que tal vez podría ayudarla. Fue a verlo y le contó su situación.

El maestro dijo:

- Mujer, vuelve dentro de una semana con tu hijo.

A la semana, la madre y el hijo hicieron el largo viaje para presentarse de nuevo ante el sabio. Cuando llegaron a su presencia, este le dijo al joven:

- Has de saber que si no ayunas una semana, será peligroso para ti-. Podéis marcharos.

> *La mujer, oyendo aquellas simples palabras, quedó desconcertada. Había sospechado que aquel hombre utilizaría algún poder extraño para convencer a su hijo, o tal vez realizase un poderoso ritual de petición a alguna divinidad.*
>
> *- Señor- dijo-, hemos recorrido un largo viaje para verte, y lo único que se te ocurre decirle es algo que tanto su médico como yo le hemos repetido miles de veces.*
>
> *- No es lo mismo -respondió el sabio.*
>
> *- ¿Y cuál es la diferencia?- quiso saber la mujer.*
>
> *- La diferencia es que yo he estado ayunando esta semana.*
>
> *Cuando regresaron a su pueblo, el joven guardó por propia voluntad la semana de ayuno, tomó la pócima y se curó".*

¿Captado el mensaje? ¿Seguro?

Pues… ¡Adelante!

En el siguiente todavía te esperan más sorpresas.

RESUMIENDO... ¿CUÁLES SON LAS PALABRAS MÁGICAS?

✓ Las palabras mágicas son las que **cambian la actitud, el comportamiento o la manera de pensar de la otra persona.**

✓ Cuentas con dos palabras muy valiosas: **"No" y "Para qué".**

✓ **La negación no existe en tu mente a nivel de imágenes**, sonidos o sensaciones. El "no" solo existe en representaciones como el lenguaje.

✓ Lo que estás haciendo cuando das una orden que comienza por un enorme NO es **consolidar la segunda parte.**

✓ Cuando usas el **"para qué"** estas convidando a la otra persona a **que busque en su interior la finalidad** real de sus actos. Le lleva a la intención verdadera que guarda en su interior.

6

PALABRAS ESPECIALES

Aquí estamos tú y yo de nuevo. Si quedaste fascinado con las palabras mágicas, las que vienen a continuación también te sorprenderán.

Como puedes ver nuestro lenguaje y el uso que hacemos de él nos abre puertas desconocidas a una realidad que no podías imaginar.

¡Aprovéchalas al máximo! ¡Está en juego tu cambio y desarrollo!

¡Comenzamos! En verdad quiero decir, ¡seguimos…!

Algunas palabras especiales:

1. **CORRECTO E INCORRECTO.**

Sería conveniente que eliminaras de tu vocabulario las palabras "correcto" e "incorrecto" porque **le estás diciendo a la persona a quien va dirigida- en el caso de incorrecto- que lo que ella dice o hace no está bien.**

Muy sutilmente le estás enviando un mensaje de que lo que ella dice o hace está equivocado.

Y yo me pregunto: ¿tu realidad es una realidad objetiva? ¿Es tu realidad?¿Es tu percepción de la realidad?¿Para quién está bien o mal?

Ya lo he comentado en otras ocasiones, la realidad es subjetiva y ni tú ni yo somos la "vara de medir" del mundo. No tenemos la verdad absoluta.

Tener este pensamiento, transmitido a través del lenguaje, es una crítica y te hace estar cerrado a los puntos de vista y posibilidades que nos ofrecen los demás.

¿No serás tú, no seré yo, el que piensa o hace incorrectamente?

Puedes cambiar estas expresiones por: **"FUNCIONA" o "NO FUNCIONA".**

Puedes expresarlo de esta manera:

- "Esto funciona para mí".

- "Esto no funciona desde mi punto de vista".

Notarás con el uso continuado de estas otras expresiones que tus opiniones son mejor aceptadas y comprendidas, dando posibilidad al diálogo y a la apertura ante nuevas opciones.

Te regalo este fabuloso cuento oriental:

"*Un paseante vio una vez a un pastor que, subido a una escalera, daba de comer de las tiernas ramas de un árbol a una cabra que llevaba en brazos.*

A cada rato debía bajarse de la escalera y buscar una nueva posición donde subirse, para que la cabra comiera hojas verdes.

Intrigado, preguntó a aquel hombre:

-¿Qué haces ahí subido a la escalera?

-¿No lo ves?- contestó el pastor-. Doy de comer a la cabra.

- ¿Y cómo se te ocurre hacer eso?- volvió a preguntar de nuevo-. ¿No ves que así vas a tardar muchísimo tiempo?

- El pastor contesto: ¿y qué prisa tiene la cabra?"

¡Qué! ¿Sorprendido? ¿Qué era lo correcto para el pastor? ¿Qué era lo correcto para el hombre? Ya ves…

Como siempre te invito a que vayas a tu **cuaderno personal** para que pienses si utilizas muy a menudo en tu vocabulario estas palabras y las cambies por funciona o no funciona para mí.

Ve haciéndolo sin prisa, poco a poco. Apuntarlo es el primer paso para tomar conciencia.

2. **EL BORRADOR UNIVERSAL: "PERO".**

La conjunción "pero" la utilizamos normalmente para unir dos oraciones que manifiestan una contrariedad. Normalmente la primera es afirmativa y la segunda negativa.

A la palabra "pero" se la considera "borrador" porque cuando la utilizamos en nuestras conversaciones "borra" la primera parte que hemos expuesto y nos quedamos automáticamente y, de manera inconsciente, con la segunda parte de la oración.

La primera parte de la oración puede ser positiva, satisfactoria o agradable, y después colocamos el "pero" que anula esa parte primera.

En según que circunstancias puede resultar ofensiva para la otra persona si no nos fijamos en cómo la estamos utilizando.

Por ejemplo:

- *"Este plato que has preparado estaba bueno,* **pero** *muy soso".*

Concluimos que el plato no te ha gustado porque estaba soso. ¿Cómo te sientes ante esta respuesta?

- *"Has tenido una idea muy buena,* **pero** *lo haremos de esta otra manera".*

Conclusión: La idea no ha sido tan buena porque no lo vamos a hacer como tú has propuesto. ¿Qué sientes?

- *"El pantalón que llevas te sienta bien,* **pero** *te has engordado".*

¿Con qué parte te quedas? Con la segunda: me he engordado.

¿Me equivoco con lo que estoy suponiendo en el uso del "pero"? Lo que hemos expresado en forma de lenguaje responde a una representación interna que nos hemos hecho en nuestra mente: *"soso, de otra manera y has engordado".*

Esta sencilla palabra "pero" ha alertado y activado en nosotros unos sentimientos y, en estos casos que te he comentado, no satisfactorios.

En ocasiones y con quien o quienes tenemos confianza y en un contexto determinado nosotros mismos ya solemos decir: "y ahora vendrá el pero…" o "ya está aquí el pero".

Por tanto, sería conveniente que utilices de manera consciente esta conjunción para no herir los sentimientos de los demás y que tu comunicación sea constructiva.

Amigo caminante,

¡TIENES UN NUEVO RETO POR DELANTE! ¡DEJA DE LADO LOS "PEROS"!

Para ayudarte en tu nuevo reto qué mejor que darte unas estrategias que te serán muy, muy útiles. ¡Comprobado! ¿Te apuntas? ¡Ahí va!

A. Puedes **intercambiar el orden de la oración** de tal manera que coloques **primero la objeción y después la parte satisfactoria.**

Te va a quedar más claro si utilizo los ejemplos anteriores:

- *"Este plato que has preparado estaba bueno, **pero** muy soso".*

- ***"Este plato está soso, pero muy bueno".***

- *"Has tenido una idea muy buena, **pero** lo haremos de esta otra manera".*

- ***"Lo haremos de otra manera, pero has tenido una idea muy buena que utilizaremos en otro momento".***

- *"El pantalón que llevas te sienta bien, **pero** te has engordado".*

- ***"Te has engordado un poco, pero el pantalón que llevas te sienta bien".***

¿Has notado diferencia al expresarlo de esta otra manera? Seguro que sí, lo sabes…

B. Cambia la conjunción "pero" por la conjunción "Y". De esta manera se recuerdan las dos partes de la oración y no solo la segunda parte. A nivel de nuestra representación interna pone a las dos imágenes que generamos mentalmente en el mismo plano.

Ejemplo:

- *"Este plato que has preparado estaba bueno, **pero** muy soso".*

- *"Este plato que has preparado estaba bueno, **y** muy soso".*

C. Otro recurso muy interesante es **cambiar "pero" por "sin embargo" o por "aunque".** El cambio es sutil y muy potente.

- *"Este plato que has preparado estaba bueno, **sin embargo** soso".*

- *"Este plato que has preparado estaba bueno, **aunque** soso".*

Te pongo otros ejemplos para terminar de aclararlo:

*"Te ayudo con tu trabajo, **pero** hoy no puedo".*

*"Hoy no puedo, **pero** te ayudo con tu trabajo".*

*"Te ayudo con tu trabajo, **aunque** hoy no puedo".*

*"Te ayudo con tu trabajo, **sin embargo**, hoy no puedo".*

*" Hoy estoy contenta, **pero** sé que pasará".*

*"Hoy estoy contenta, **y** sé que pasará".*

*" Hoy estoy contenta, **aunque** sé que pasará"*

*"Sé que la alegría pasará, **pero** hoy estoy contenta".*

*"Sé que la alegría pasará, **sin embargo**, hoy estoy contenta".*

¡Ole! Yo sí que estoy contenta de que hayas entendido el uso que puedes hacer del "pero" y sus alternativas para mejorar tu comunicación y que sea más eficaz y constructiva. ¡Ole y ole!

Para acabar con esta conjunción que nos da "tantos quebraderos de cabeza", te dejo este fragmento de Ernesto Sábato de su libro **Abaddón el exterminador.**

*"¿**P**ero usted es casado, no, doctor Schnitzler?*

Durante mucho tiempo después de esa primera entrevista se preguntó qué quiso significar con aquel "pero".

El profesor se puso serio, pareció calcular la posición del enemigo. Luego respondió con un murmullo afirmativo, controlando las reacciones del otro.

Con seguridad, el "pero" lo puso en guardia, ya que no había habido ninguna frase de ninguno de los dos que lo justificase. Eso le había revelado (pensó Sábato) que mi mente trabaja en dos planos: el superficial del diálogo y otro más profundo y secreto".

Amigo caminante, ¡tenemos mucha tarea por delante!. Para ello te ayudará tu **cuaderno personal**. Ya sabes lo que tienes que hacer. Los cambios los has de hacer paso a paso, con constancia. Pequeños retos que al conseguirlos te animen a seguir adelante en tu transformación personal.

3. **MAÑANA.**

Expresiones como "Mañana lo hago", "mañana sin falta", "la próxima semana", "uno de estos días", "próximamente"... llenan nuestro mundo, tu mundo, de oportunidades perdidas, de fracasos escondidos, de perezas bloqueantes, de falta de ilusiones, de amor por la vida, la única VIDA que tenemos y desperdiciamos posponiendo VIVIRLA de verdad.

Cada día puedes decir "mañana" y el hoy se convierte en un eterno "mañana", sin salida y a la deriva.

Cuando de verdad quieras conseguir algo, recuerda poner día y hora concreto…

¡ESE MAÑANA ES HOY!

> *"¿Amas la vida? Pues no desperdicies el tiempo, porque es la sustancia de la que está hecha".*
> Benjamín Franklin

Quiero compartir contigo una profunda reflexión de Joost Scharrenberg, autor de la web contarcuentos.com

Espero que te haga reflexionar y cuestionarte algunos aspectos de tu vida como lo hizo conmigo.

"EL VALOR DEL TIEMPO.

Imagínate que existe un banco, que cada mañana abona en tu cuenta la cantidad de 86.400€. Ese extraño banco, al mismo tiempo, no arrastra tu saldo de un día para otro: cada noche borra de tu cuenta el saldo que no has gastado.

¿Qué harías?... Imagino que retirar todos los días la cantidad que no has gastado, ¿no?.

Pues bien: cada uno de nosotros tenemos ese banco... su nombre es Tiempo.

Cada mañana, ese banco abona en tu cuenta personal 86.400 segundos. Cada noche ese banco borra de tu cuenta y da como perdida cualquier cantidad de ese saldo que no hayas invertido en algo provechoso. Ese banco no arrastra saldos de un día a otro; no permite sobregiros.

Cada día te abre una nueva cuenta. Cada noche elimina los saldos del día. Si no usas tu saldo durante el día, tú eres el que pierdes. No puedes dar marcha atrás. No existen cargos a cuenta del ingreso de mañana: debes vivir el presente con el saldo de hoy.

Por tanto, un buen consejo es que debes invertir tu tiempo de tal manera, que consigas lo mejor en salud, felicidad y éxito. El reloj sigue su marcha... consigue lo máximo en el día.

Para entender el valor de un año, pregúntale a algún estudiante que repitió curso...

Para entender el valor de un mes, pregúntale a una madre que alumbró a un bebe prematuro...

Para entender el valor de una semana, pregúntale al editor de un semanario...

Para entender el valor de una hora, pregúntale a los amantes que esperan para encontrarse...

Para entender el valor de un minuto, pregúntale al viajero que perdió el tren...

Para entender el valor de un segundo, pregúntale a una persona que estuvo a punto de tener un accidente...

Para entender el valor de una milésima de segundo, pregúntale al deportista que ganó una medalla de plata en las olimpiadas....

Atesora cada momento que vivas; y ese tesoro tendrá mucho más valor si lo compartes con alguien especial, lo suficientemente especial como para dedicarle tu tiempo... y recuerda que el tiempo no espera por nadie".

¡No, no, no he acabado! ¡Espera, espera! Para mí es tan importante este aspecto de **vivir intensamente la VIDA** que "no te vas a escapar tan rápido". Si has leído mi primer libro ***Acaricia tu mundo***, te habrás dado cuenta de que estamos llamados, TODOS, a vivir plenamente nuestra vida. Y que…

¡TODO DEPENDE DE TI! ¡TIENES EL PODER DE ELEGIR!

Siento pesar por las personas que dejan que la vida pase sin tener ilusiones, retos, objetivos, propósitos… por superarse cada día un poco más.

La vida se les está escapando de las manos y no están haciendo nada.

> *"¡Qué pequeñas son mis manos…! En relación con todo lo que la vida ha querido darme".*
>
> Ramón J. Sénder

¡NO SEAS DE ESOS! ¡COGE LA VIDA EN TUS MANOS! ¡DISFRÚTALA, SOLO TIENES UNA!

Este cuento está dedicado a todas esas personas que NO VIVEN, que es la vida la que los vive a ellos. Que pasarán por este mundo sin haber dejado su huella.

"¿HAY VIDA ANTES DE LA MUERTE?"

"*Todas las preguntas que se suscitaron aquel día en la reunión pública estaban referidas a la vida más allá de la muerte. El Maestro se limitaba a sonreír sin dar una sola respuesta cuando, más tarde. Los discípulos le preguntaron por qué se había mostrado tan evasivo, él replico:*

– ¿No habéis observado que los que no saben qué hacer con esta vida son precisamente los que más desean otra vida que dure eternamente?

– Pero ¿hay vida después de la muerte o no la hay?, insistió un discípulo.

– ¿Hay vida antes de la muerte? ¡Esta es la cuestión! – replicó enigmáticamente el Maestro".

Anthony de Mello

Amigo caminante, esta es la verdadera cuestión. ¡Tómatelo en serio! Si quieres, ¡puedes cambiar!

Te propongo que vayas a tu **cuaderno personal** y hagas una lista de las cosas que has ido retrasando en tu vida. Prioriza, todo a la vez supone un gasto enorme de energía que no te recomiendo y que te puede llegar a desilusionar. Márcate objetivos realistas y que estén "al alcance de tu mano".

4. INTENTARÉ-PROCURARÉ-TRATARÉ.

Seguro que has oído en más de una ocasión un diálogo similar a estos o… incluso lo has dicho tú.

- *"Hemos de quedar un día para tomar café y hablar de nuestras cosas"*.

*- Lo miro e **intento** buscar un rato".*

¡Cuidado! Cuando utilizas esta expresión estás presuponiendo la posibilidad de no conseguirlo.

*- "**Procuraré** entregarlo esta semana".*

Le estás diciendo a tu mente que cabe la posibilidad de no entregarlo esta semana y dejarlo para más tarde.

*- "**Trataré** de concertar una cita hoy".*

Esa cita, posiblemente no llegue hoy.

Si utilizas el "intentaré, procuraré, trataré.." es casi seguro que procrastinarás- pospondrás- la tarea a realizar.

A tu mente no le ha quedado claro **el CUÁNDO** y puede dilatarlo en el tiempo, con lo que eso supone de gasto de energía porque la tarea no está concluida y te "ronda por la cabeza".

El uso de esta formula, como muy bien sabes la utilizamos tanto para las personas con las que nos relacionamos como con nosotros mismos. Y si la tenemos muy integrada en nuestro diálogo interno corres el peligro de sentirte mal y de castigarte por no conseguir lo que quieres.

Una estrategia de gran utilidad es **marcar día y hora en tu agenda** para realizar esas tareas en las que pronuncias un "intentaré".

Otro mecanismo que puedes utilizar es hacerlo en el momento que te surja el pensamiento si en esa tarea vas a utilizar menos de cinco minutos. Es la técnica "Do it Now"- ¡Hazlo ahora!-.

Vamos a replantearnos los ejemplos anteriores:

- *"Hemos de quedar un día para tomar café y hablar de nuestras cosas.*

- *¿Cómo te va el jueves?*

- *¡Perfecto! ¿A las 19h?*

- *Hecho. Nos vemos".*

- *"**Procuraré** entregarlo esta semana".*

- *"El martes de 10h a 11h tengo un hueco e iré a llevarlo".*

-*"**Trataré** de concertar una cita hoy".*

-*"Después de comer que me queda media hora para descansar, llamo para que me den día y hora".*

Es mucho mejor pensar y decir **QUIERO** hacerlo que pensar y decir **LO INTENTARÉ**.

¿Mejor así? ¿Cómo te ha sonado mientras lo leías? ¿Cómo te has sentido? ¡Tu vida lo agradecerá!

"LA MAGNITUD DEL PROBLEMA"

"Un monje le dijo una mañana a su maestro que tenía un problema que deseaba comentar con el, y este le contestó que esperase hasta la noche.

Llegada la hora de dormir, el maestro se dirigió a todos los discípulos preguntando:

- ¿Dónde está el monje que tenía un problema? ¡Que salga aquí ahora!

El joven, lleno de vergüenza, dio un paso al frente.

> *Aquí hay un monje que ha aguantado un problema desde la mañana hasta la noche y no se ha preocupado en resolverlo. Si tu problema hubiese consistido en que tenías la cabeza debajo del agua, no habrías aguantado más de un minuto con el.*
>
> *- ¿Qué clase de problema es ese que eres capaz de soportarlo durante horas?- preguntó el maestro".*

Amigo caminante, te invito a que vayas a tu **cuaderno personal** y cambies los "intentaré" por "lo hago ahora". Sobretodo los que utilizas para **posponer tu crecimiento personal.**

> *"No esperes a que las condiciones sean perfectas para empezar, el empezar hace las condiciones perfectas".*
>
> Allan Cohen

"EL PRIMER PASO NO TE LLEVA A DONDE QUIERES IR, PERO TE SACA DE DONDE ESTÁS".

5. GRACIAS-PERDÓN.

Cuando era pequeña, mis padres siempre me insistían en que diera las gracias cuando alguien me diera algo. Te suena eso de: "¿Qué se dice…?"

Recuerdo perfectamente cuando mi padre iba a la peluquería. Siempre, siempre el peluquero me obsequiaba con una piruleta de fresa. Puedes suponer que yo también siempre, siempre lo acompañaba. Para ambos era un momento especial y, ¡no solo por la piruleta!

Por aquella época, la compra se realizaba en los comercios o en el mercado del barrio. Todos nos conocíamos y, "una preciosa niña como yo", siempre llama la atención. En las tiendas, normalmente, me daban algún pequeño regalo: si iba a la panadería me daban un "colín"- como un churro de pan sin miga, largo y tostado-, si iba a los encurtidos unas olivas y así…

Estoy segura de que a ti también te lo decían y si eres madre o padre, tú se lo inculcas a tus hijos.

Ya dice el refrán, y dejamos a un lado la explicación de los refranes de que son ejecuciones perdidas porque aquí encaja a las mil maravillas: ***Es de bien nacidos ser agradecidos***.

> *"Sentir gratitud y no expresarla es como envolver un regalo y no darlo".*
> William Arthur Ward

Si ahondamos más y no solo nos quedamos en el "dar las gracias", si vamos más allá de la palabra, la gratitud es un sentimiento positivo. **Es un acto desinteresado hacia los que comparten con nosotros nuestra existencia**, nuestra vida, la vida, aquí o allá.

> *"Debemos encontrar tiempo para detenernos y agradecer a las personas que hacen la diferencia en nuestras vidas".*
>
> John F. Kennedy

Todavía podemos profundizar más para **darnos cuenta de nuestra fortuna** y ser agradecidos por quienes somos y por lo que ya tenemos.

¿Agradeces con frecuencia lo que te dan? ¿Agradeces lo que tienes? ¿Eres agradecido con los valores y cualidades que posees? ¿Agradeces…?

> *"La gratitud no es solo la más grande de las virtudes, sino la madre de todas las demás".*
>
> Marcus Tellius Cicerón

Es un buen momento para que vayas a tu **cuaderno personal** para anotar todas las cosas por las que puedes dar gracias: personas, cualidades, valores, vivencias, actividades y… sobre todo, por disfrutar de cada nuevo día.

> *"A menudo damos por hecho las cosas que más merecen nuestra gratitud".*
>
> Cynthia Ozick

También te invito a que escribas en tu **cuaderno personal** una carta de gratitud a una persona de tu pasado o de tu presente que haya influido o esté influyendo positivamente en tu vida.

Todavía te voy a pedir más, si es una persona que vive en tu presente, te convido a que quedes con ella o le envíes una carta mostrándole tu gratitud por todo lo que ella significa para ti y por todo lo que de ella has recibido.

Es una actividad que os enriquecerá más si cabe y os unirá más a los dos. ¡Pruébalo! Y…ya me contarás ¡Es genial!

SOBRE LA ACEPTACIÓN Y EL AGRADECIMIENTO.

"Un individuo iba paseando por el campo y se encontró un pastor.

Por empezar una conversación con él, lo saludó y le preguntó:

- ¿Qué tiempo creéis que tendremos hoy, buen hombre?

Y el pastor le contestó:

- El tiempo que yo quiero.

El otro, lógicamente, se quedó extrañado de la respuesta y le dijo:

- ¿Y cómo estás tan seguro que hará el tiempo que tú quieres?

Y aquí el pastor le explicó su teoría:

- Mirad.

> *- Cuando me di cuenta que no siempre puedo tener lo que quiero ... aprendí una cosa que siempre me ha sido muy útil.*
>
> *- ¡Querer siempre lo que tengo!*
>
> *- Por esto estoy tan seguro que hará el tiempo que yo quiera".*

La gratitud te lleva al verdadero perdón. Y palabras tan sencillas como: "Perdóname", "me he equivocado", "te perdono", "ME PERDONO"… solo pueden salir de un alma agradecida por la oportunidad de crecer y de abandonar el resentimiento, el enfado, la ira, la culpa…

> *"El débil no puede perdonar. El perdón es un atributo de los fuertes".*
>
> Mahatma Gandhi

La capacidad de perdonar al que nos ha herido y el pedir perdón al que hemos ofendido ofrece grandes beneficios para nuestra salud mental.

El rencor es una sutil cárcel que nos encadena el corazón y los sentidos. Solo nos deja mirar en una dirección que es nuestro "ego".

Y, sobretodo, ten la valentía de **perdonarte a ti mismo** porque la culpa te limita y te paraliza para seguir adelante. Te atrapa en una telaraña que te impide ser libre y feliz.

¡ROMPE TUS ATADURAS Y PERDÓNATE!

Si te encuentras con suficiente fortaleza, ve a tu **cuaderno personal** y anota a qué personas les pedirías perdón y por qué motivo.

¿Tienes algo en tu pasado que necesitas perdonarte?

¿Hay algo en tu presente que no te deja avanzar y necesitas reconciliarte con ello?

> *"Pocos sufren más que aquellos que se niegan a perdonarse a sí mismos".*
>
> Mike Norton

Por último, y como te he sugerido con la gratitud, también puedes escribir una carta a una persona a la que quieras pedir perdón. ¡Tú decides! Lo dejo en tus manos.

6. **EL VERBO SER.**

Vamos a entrar en el fascinante **mundo de los juicios.** ¿Qué? ¿Juicios? ¿Qué tienen que ver los juicios con el título?

Amigo caminante, ¡espera y verás! Lo vas a entender rápidamente y te va a ser de gran utilidad en tus comunicaciones.

Casi inevitablemente, estamos continuamente **emitiendo juicios sobre nosotros mismos, los otros y sobre infinidad de aspectos más**. Lo que nos pasa es que no somos conscientes de que los emitimos y ahora es un buen momento para darnos cuenta de ello.

Cuántas veces has realizado este tipo de comentarios:

- "Juan **es** muy inteligente".

- "Ana **es** muy simpática".

- "Andrés **es** un gran jugador".

- "Verónica **es**..."

Cuando decimos "... es inteligente" o "... es simpática" utilizamos el verbo **SER seguido de un adjetivo** que le otorga una cualidad a su forma de ser.

Es una opinión personal que no tiene que coincidir con la opinión de otra persona. Y además, **son juicios de valor que no son ni verdaderos ni falsos, son interpretaciones que realizamos a partir de alguna experiencia anterior que hemos tenido con la persona** en concreto.

> *"Nunca podemos juzgar la vida de los demás,*
> *porque cada uno sabe de su propio dolor y de*
> *su propia renuncia. Una cosa es suponer que*
> *uno está en el camino cierto; otra es suponer*
> *que ese camino es el único".*
>
> Paulo Coelho

Con este uso del lenguaje estamos realizando una afirmación dentro de un contexto de generalización. Recuerda que en capítulos anteriores ya hemos comentado en qué consisten las generalizaciones y la repercusión negativa que pueden tener en nuestra comunicación con lo demás.

El verbo SER lo utilizamos en nuestra vida diaria para expresar existencia, naturaleza o esencia.

Yo puedo decir:

- "Verónica **es** mujer".

- "Verónica **es** enfermera".

- "Verónica **es** una mentirosa".

En estas afirmaciones existe un grado diferente de generalización y también de juicio en relación a Verónica.

Cuando digo que "Verónica es una mentirosa" estoy haciendo un **juicio muy severo** sobre Verónica ya que puede ser que en algún momento de su vida haya dicho alguna mentira, lo cual no la convierte en una mentirosa.

> *"Nada nos engaña tanto como nuestro propio juicio".*
>
> Leonardo da Vinci

Estoy generalizando un aspecto concreto: "ha dicho alguna mentira" en la esencia de Verónica: "es una mentirosa". Ese o esos actos concretos- decir alguna mentira-, con mi juicio de valor, los he convertido en una identidad de Verónica.

He atacado directamente la IDENTIDAD de la persona. Me he convertido en juez y verdugo y he creado, como por arte de magia, una víctima.

Es mucho más conveniente y acertado decir:

- "Verónica **me dijo** una mentira".

- "**He pillado** a Verónica en varias mentiras".

De esta manera estoy exponiendo un hecho o hechos concretos que he comprobado, salvaguardando la identidad de la persona. No ataco, constato.

Alfred Korzybski, psicólogo, filósofo y lingüista, es

conocido, sobre todo, por desarrollar la teoría de la semántica general.

Este lingüista definió dos usos incorrectos y a su vez peligrosos del verbo ser:

1. Cuando con el verbo atribuimos una identidad.

2. Cuando atribuimos a una persona una cualidad.

Posteriormente David Bourland, lingüista también, acuño **el término E-primo** (procedente del inglés y adaptado al castellano). Con este, se refiere a cuando **eliminamos de nuestra conversación el verbo ser** y de esta manera nos obliga a ser más exactos en nuestro lenguaje, utilizar menos generalizaciones, menos palabras abstractas y emplear un lenguaje basado en lo sensorial.

Por ejemplo:

- Verónica **es** enfermera"

- "Verónica **trabaja** de enfermera".

- "Tomás **es** tonto"

-"Tomás **se ha equivocado** al resolver el problema".

TUS PALABRAS TIENEN EL PODER
DE CURAR O HERIR.

TUS JUICIOS TIENEN EL PODER DE CONSTRUIR
O DESTRUIR.

Te dejo con esta estupenda fábula china para reflexionar sobre los prejuicios y los juicos que realizamos de los demás y que como dice Lidia Muradep:
**"hablan más del que los emite que de aquel al que
van dirigidos".**

"LA SOSPECHA"

"Un día, un hombre perdió su hacha, y empezó a sospechar del hijo de su vecino.

Todo en él le indicaba que se trataba del ladrón: observó la forma de caminar del muchacho- y le pareció que, efectivamente, andaba como un ladrón-. Observó su forma de hablar- y pensó que hablaba igual que un ladrón-. Y observó minuciosamente sus gestos... No tenía ninguna duda: ¡eran los gestos de un ladrón!

Pero días después, encontró su hacha tirada en el valle. Y al regresar a su casa, comenzó a observar que el hijo de su vecino realmente no tenía ninguna pinta de ladrón".

Ha llegado el momento de que aproveches la oportunidad de ir a tu **cuaderno personal.** Según vayas recordando, ve anotando las veces que utilizas el verbo SER de forma inapropiada. Busca la manera más adecuada para expresar lo que quieres sin utilizarlo y, sobre todo, anótalo.

También te sugiero que localices en tu lenguaje los juicios que has emitido, utilizando el verbo ser, sobre alguna persona y lo cambies por expresiones más concretas y que no dañen su identidad.

> *"Casi nunca juzgamos a los demás,
> sino que juzgamos nuestras propias
> facultades en los otros".*
>
> Charles A. Sainte-Beuve

Amigo caminante, ¡tenemos tú y yo, una importante tarea por delante! No es cuestión de hacerla de un tirón, sino cuando surja la ocasión y siendo plenamente consciente para tu desarrollo.

Vamos a seguir trabajando y explorando el maravilloso mundo de las palabras, de estas palabras que he llamado "especiales".

El "ser especiales" no está en su forma, está en su fondo. Y esta esencia que vamos descubriendo en cada una de las que ya he comentado, nos hace conectar con nuestra propia esencia.

¿Seguimos adelante? ¡Te quedan muchas cosa aún por descubrir!

Para acabar este super-apartado qué mejor que un cuento lleno de sabiduría. Es un cuento tradicional de Oriente.

"**U**n hombre decidió visitar a un maestro para pedirle que le aceptara como discípulo. Cuando llegó a la casa, fue recibido por una persona que le interrogó sobre los motivos de su visita.

- Deseo que el maestro me acepte como discípulo- solicitó el recién llegado.

- Muy bien- contestó aquel hombre-, yo soy su asistente y le haré llegar esta demanda.

Transcurrido un tiempo, el hombre de la puerta regresó con un papel.

- El maestro me ha dicho que contestes a las preguntas que hay en esta lista de acuerdo a tus conocimientos.

Como el visitante era un hombre muy instruido, respondió a las preguntas con cierta facilidad sin que ninguna de ellas le resultará especialmente complicada. Terminado el examen, el asistente recogió las respuestas y retornó al interior de la casa para entregárselas al maestro.

Una hora después, regresó junto al ya impaciente visitante.

- El maestro me ha pedido que te comunique que en las contestaciones a las preguntas planteadas has demostrado una gran erudición, por este motivo te aceptará como discípulo dentro de un año.

> *Aquel hombre se sintió halagado a la par que un poco triste por el largo plazo marcado por el maestro. Antes de marcharse pregunto:*
>
> *- Si he contestado acertadamente a las preguntas y he de regresar dentro de un año, ¿cuál sería el plazo señalado si no hubiese respondido correctamente al examen?*
>
> *- Ah, en ese caso- contestó el asistente- el maestro te habría aceptado como discípulo hoy mismo. Tu, en cambio, necesitas todavía un año para liberarte de toda esa carga de conocimiento inútil que llevas encima".*

6. **Y SI ADEMÁS...**

Otra de las "especiales" es este "grupo" de palabras.

Al principio del capítulo te he hablado del "pero", este grupo de palabras también puede sustituir a esta conjunción.

El "Y si además..." está pensado para utilizarlo cuando nos piden una opinión, un consejo... ¡Vaya! Lo que técnicamente hablando sería un **"feedback"** sobre una cuestión determinada.

Como ya te he comentado anteriormente el "pero", que es el borrador universal, borra la primera parte de nuestra oración y el interlocutor se queda con la segunda que normalmente no es tan positiva como la primera.

Este grupo de palabras lo que consigue es que des una respuesta positiva, excluyendo el sentido negativo utilizado con el "pero".

Lo podíamos denominar **consejo u opinión en clave positiva, añadiendo los aspectos a mejorar.**

Te pongo algunos ejemplos para que quede más claro:

- "Vas muy elegante hoy, **pero** el pelo no te pega".

- *"Vas muy elegante hoy **y si además** te recogieras el pelo estarías perfecta".*

- "Te has esforzado mucho haciendo la comida, **pero** está salada".

- *"Te has esforzado mucho haciendo la comida **y si además** la próxima vez le pones un poco menos de sal estará exquisita".*

- "Has trabajado mucho, **pero** no has estudiado y has suspendido el examen".

- *"Has trabajado mucho **y si además** estudias más, tus notas serán brillantes".*

- "Sé que me quieres, **pero** nunca me lo dices".

- *"Sé que me quiere **y si además** me lo dijeras me harías muy feliz".*

"¡Wow!" ¡Qué cambio! ¿Lo noto solo yo o tú también te das cuenta de la diferencia entre una manera de decirlo y otra?. ¡Es genial! Y muy sutil… ¿Eh?

La idea es **dirigir nuestra aportación en la comunicación hacia lo positivo** y encaminar a la persona hacia una alternativa para que no se quede en lo negativo.

Ahora mismo a practicar… bueno, cuando puedas. Seguro que a lo largo del día se te van a presentar muchas oportunidades para ello.

Tal vez de todas esas oportunidades se te escapen algunas, es normal. A mí también me pasa y con la práctica cada vez se nos pasarán menos.

Ya sabes, paso a paso, pequeños retos y a practicar.

EL OBJETIVO ES SUMAR MÁS QUE RESTAR.

Amigo caminante, para ayudarte en esta práctica, puedes ir a tu **cuaderno personal** e ir anotando las victorias que vas obteniendo cambiando el "pero" por el "y si además…".

El apuntarlo te ayudará a tomar conciencia de estos cambios tan importantes y te animará a seguir "al pie del cañón" en tu batalla contra los "peros".

Paciencia, persistencia y perseverancia. ¡Ese es tu lema!

7. **PREGUNTAS ENFOCADAS A LO POSITIVO.**

En este apartado no es una palabra en concreto, es un estilo de pregunta que igual que en el apartado anterior nos enfoca hacia lo positivo, hacia los resultados.

Nos hemos encontrado en numerosas situaciones en que el diálogo está dirigido a lo que no funciona. En él hay infinidad de razones que sustentan esa preocupación, ese disgusto, ese malestar... es una comunicación en la que nos vemos atrapados en los aspectos negativos.

Mediante estas preguntas que te propongo la conversación se reorientará a la búsqueda de soluciones y abrirá nuevas alternativas, posibles soluciones.

Cualquier situación-problema que nos engancha tiene solución.

NUESTRO RETO ES AYUDAR A QUE LA OTRA PERSONA PUEDA VER UN RAYO DE LUZ EN SU OSCURIDAD.

Nuestro reto también es hacérnoslas a nosotros mismos cuando estamos en ese estado de bloqueo en el que solo vemos lo negativo.

Nos sentimos como en un laberinto del que no somos capaces de encontrar la salida y damos vueltas… y vueltas… y cada vez nos bloqueamos más… y más… emocionalmente.

¿Cuáles son estas preguntas? Ahora mismo te planteo algunas para que las utilices en cualquier situación:

- ¿Qué es lo que quieres? - ¿Qué es lo que quiero?

- ¿Qué deseas? - ¿Qué deseo?

- ¿Cuál es tu objetivo? - ¿Cuál es mi objetivo?

- ¿Qué te impide lograrlo? - ¿Qué me impide lograrlo?

- ¿Qué puedes hacer?- ¿Qué puedo hacer?

- ¿Qué soluciones tienes? - ¿Qué soluciones tengo?

- ¿Cómo puedes cambiar esta situación? - ¿Cómo puedo cambiar esta situación?

Prueba con estas preguntas cuando estés atrapado en tu laberinto particular y ellas te ayudarán a encontrar la salida. ¡Seguro! ¡Compruébalo!

Cuando te encuentres en alguna situación en que necesites de estas preguntas y gracias a ellas hayas podido encontrar la luz, ve a tu **cuaderno personal** y escribe el antes y el después, la solución y tu estado emocional.

¡Hasta aquí, amigo caminante! Ya has dado un paso más en tu camino de perfeccionar tu lenguaje. Y ya sabes que este nuevo paso es positivo para ti y para todas las personas que entren en contacto contigo.

Las palabras cuentan, todas cuentan y...

¡LAS PALABRAS CAMBIAN VIDAS!

¡Te espero en el siguiente capítulo! Espero que sea pronto…

Tengo unos cuantos trucos preparados para ti. ¿Te los perderás? ¡Estoy segura de que estás impaciente!

¡Hasta pronto!

RESUMIENDO... ¿CUÁLES SON LAS PALABRAS ESPECIALES?

✓ Las palabras especiales **nos cambian la perspectiva ante personas y situaciones** y cambian la perspectiva de los otros.

✓ Las palabras que hemos trabajado son: "correcto-incorrecto, pero, mañana, intentaré, gracias-perdón, ser y si además…".

✓ Te sugiero que cambies "correcto" e "incorrecto" por **"funciona" o "no funciona".**

✓ Tienes muchas **alternativas para cambiar el "pero"** y que no dé la sensación de quedarte con lo negativo.

✓ **Atesora el "hoy"** porque es lo único que tienes. El mañana no existe.

✓ **El momento es "ahora",** deja de "intentar".

✓ **La gratitud y el perdón** nos elevan a la categoría de "superhumanos".

✓ Es fundamental distinguir **lo que la persona es** de lo que hace.

7

ALGUNOS TRUCOS DEL LENGUAJE

¡Ey! ¡Estás aquí! ¡Qué suerte tenemos!

Digo tenemos porque en este capítulo te voy a explicar algunos sencillos trucos que te van a ser muy útiles.

Y para mí va a ser un placer poder contar contigo y hacerte mi cómplice.

Te voy a mostrar algunos trucos del lenguaje que puedes utilizar para persuadir a los tuyos o no tan tuyos...

¡Pruébalos y verás como dan resultado! ¡Es fantástico!

Estos trucos no te van a ayudar en tu desarrollo, sin embargo, te serán muy prácticos.

Además, ya hemos hablado suficientemente de lenguaje transformacional y "nos podemos permitir el lujo" de distraernos un poco con su uso menos transformador.

En la vida hay "una de cal y otra de arena", nosotros ya hemos tenido muchas de cal, ahora nos toca un poco de arena para compensar. Si no es así, la mezcla saldrá descompensada.

¿Te apuntas o pasas? ¡Hey! ¡Te arrepentirás!

¡Qué den comienzo nuestros trucos!

1. **ÓRDENES SUCESIVAS.**

Consiste en encadenar dos o más órdenes con la conjunción Y. Existen más probabilidades de que las órdenes se ejecuten que cuando das una orden aislada.

El esquema es:

ORDEN + Y + ORDEN

Cuando recibimos mucha información en un momento dado **no sabemos a qué orden hacer caso de**

las dos y nos es más sencillo realizar las dos, que resistirnos.

Como puedes suponer es una respuesta inconsciente y no nos quedamos con la sensación de que es una orden si no que hemos obrado correctamente atendiendo a las dos. En cambio, si es una sola orden, la información es menor y podemos crear resistencias a realizarla.

Para que surja efecto este "truco" las órdenes han de ser parecidas, una no puede tener más importancia que la otra.

Ejemplos:

- *"Baja la basura y cierra la puerta al salir".*
- *"Ven a mi lado y dame un beso"*
- *"Acaba la tarea y llámame cuando termines".*
- *"Llámame esta noche y me cuentas cómo te ha ido la reunión".*

¡Ole! ¿Vas a probarlo? ¡Compruébalo por ti mismo!

2. **EL "O"... ARRASTRADO**.

Con el uso de este "truco" podrás predecir la respuesta de la otra persona.

En muchas ocasiones damos a elegir la respuesta a nuestro interlocutor mediante una pregunta en la que puede contestar con un "sí" o un "no".

Por ejemplo, si yo te digo:

- "¿Vas a venir conmigo?"

  Puede que tú me contestes: SÍ o NO según el lugar al que vamos a ir. En este caso, tú eliges la respuesta.

Al utilizar el "O…" arrastrado cuentas con alrededor de un 95% de posibilidades de **que te conteste con la última información que le has ofrecido.**

Has de utilizarlo con cierta picardía, ¿sí…?

Utilizamos el ejemplo anterior:

- "¿Vienes conmigo o…?"

  Sí, voy contigo.

- "Está todo correcto o…?"

  Sí, está todo correcto.

- "¿Te importa que lo haga yo o…?"

  No, no me importa.

¡Oh! ¡Estupendo! ¡Es genial!

3. **PORQUE**

Nuestro cerebro se organiza para simplificar las informaciones y situaciones según la lógica CAUSA –EFECTO. Nuestra mente busca las causas de los efectos que percibimos.

Cuando utilices el "porque" y des un motivo suficientemente válido, la otra persona hará sin planteárselo lo que le pides en la primera parte de la oración.

Algunos ejemplos:

- *"Necesito que me escuches **porque** es muy importante"*.

  Esta oración es mucho más efectiva que si simplemente dijéramos:

- *"Necesito que me escuches"*.

  En esta última podría surgir algún inconveniente como un "ahora no puedo", un "más tarde" o "buscamos un momento y me explicas".

Puedes utilizarlo en tu trabajo, por ejemplo, para:

- "¿Te importa dejarme hacer una fotocopia **porque** tengo mucha prisa?

También lo puedes utilizar cuando vas a la compra:

- ¿Por favor, me puede dejar pasar **porque** llego tarde?

¡Conseguirás muchas cosas con este "truco"! ¡Compruébalo!

4. **LA PALABRA MÁS BONITA DEL MUNDO.**

¿Cuál es esa palabra? Para casi todo el mundo, esa palabra es **nuestro nombre.**

Cuando hables con una persona, intenta incluir su nombre en la conversación. Empieza o acaba las oraciones con él.

Cuando oímos nuestro nombre somos más receptivos a las peticiones o sugerencias.

Ejemplo:

- *"Juan, pásame el informe lo antes posible".*
- *"¿Puedes ayudarme con este trabajo, Elena?"*
- *"Alberto, llámame para confirmar los resultados".*

Si quieres ganar la confianza de los demás, ¡haz un esfuerzo por aprenderte sus nombres!

5. **SUPONER LO OBVIO.**

En ocasiones podemos **hacer creer a la otra persona que sabemos y entendemos de lo que estamos hablando para parecer más cultos.**

Puedes utilizar algunos encabezamientos que te ayudarán a ganar credibilidad sobre lo que vas a decir posteriormente.

Algunos podrían ser:

- *"Como tú sabes..."*
- *"Es obvio que te das cuenta de..."*
- *"Ya sé que tú conoces..."*
- *"Debes de haber oído que..."*

De esta manera, le das mayor fiabilidad a lo que dices.

¡Wow! **Utiliza este método para dar importancia a lo que quieras decir y que nadie dude de lo que dices o dude de ti.** Intenta hacerlo con soltura y mirando a tu interlocutor a los ojos si no, se notará tu falta de confianza.

6. **PREGUNTA DE DOBLE ALTERNATIVA.**

He de confesarte que esta es mi preferida y funciona casi, casi al 100%.

Consiste en incluir en la pregunta dos alternativas, con lo que das por hecho que lo que preguntas se va a llevar a cabo.

Con varios ejemplo te va a quedar "cristalino":

- *"¿Vendrás a buscarme en coche o a pie?"*

  En esta pregunta estoy dando dos alternativas: "venir en coche" o "venir a pie" pero, lo que realmente importa es que ya **estoy dando por hecho que me vas a venir a buscar.**

- *"¿Cuándo recogerás tus juguetes antes o después de ducharte?*

  Das por hecho que recogerá sus juguetes.

- *"¿Dónde quieres que vayamos a comer, a un japonés o a un italiano?*

  Es seguro que iréis a comer.

- *"¿Cuándo me vas a entregar el trabajo, el lunes por la mañana o por la tarde?"*

  Está claro que el lunes tendrás tu trabajo.

¿Qué te parece este tipo de pregunta? Para mí, lo más de lo más. ¡Sin palabras!

Estos "trucos" con las palabras utilízalos estratégicamente y conscientemente para que puedas obtener grandes resultados.

Amigo caminante, espero que hayas disfrutado tanto como lo he hecho yo, explicándote estos "truquillos". Y ¡no!, en este capítulo no te voy a sugerir que vayas a tu **cuaderno personal** para que anotes... sabes que puedes acudir a él cuando quieras. ¡Es tu garantía de crecimiento y superación!

RESUMIENDO... ¿CUÁLES SON ESOS "TRUCOS"?

✓ Los trucos del lenguaje son **formas estratégicas de utilizar algunas palabras para persuadir a las personas.**

✓ Entre estos "trucos" encontramos: Las órdenes sucesivas, el "o" arrastrado, el uso del "porque", utilizar el nombre de la persona, suponer lo obvio, preguntas de doble alternativa.

✓ **Encadena órdenes** con la conjunción "y", **¡conseguirás lo que quieres!.**

✓ Utiliza el **"o" arrastrado** para que **te contesten a la última información que has ofrecido.**

✓ Coloca un **"porque"** en tus peticiones **para obtener lo que plantees.**

✓ **Personaliza** tus diálogos **con el nombre de la persona** a la que te diriges.

✓ Utiliza la pregunta de **doble alternativa para "camuflar" el objetivo que quieres conseguir**.

SEGUNDA PARTE

PARA TI

8

¡OCÚPATE DE TI!

Un día tiene 24 horas o tal vez prefieras pensar que tiene 1.440 minutos o qué tal si te digo 86.400 segundos.

Tal vez duermes las "saludables" 8 horas y tal vez trabajas las también "saludables" 8 horas. Y… ¿Qué haces con las "saludables" 8 horas que te sobran?

¡Qué susto me he dado yo misma, a mi misma! Ha sido cuestión de milésimas de segundo. Me he imaginado una cara con unos ojos desorbitados y diciéndome:

- "¡Ya te vale!. Las 8h horas que me quedan son para atender la tarea que no he acabado en mi trabajo o cuidar a mis hijos o cuidar a los mayores de casa o hacer las tareas domésticas o ir a la compra o… todo ello a la vez. ¡No me hables de tiempo! Eso es lo que me falta a mí, tiempo".

Y utilizando el tiempo de esta manera… ¿Estás satisfecho contigo mismo? ¿Tienes un bienestar completo?¿Te sientes autorrealizado? **¿Eres feliz o… te engañas haciéndote creer que eres feliz?**

> **"Darse cuenta de que no estás donde quieres, es el primer paso para cambiar esta situación".**

Piensa que las preguntas van encaminadas a que seas sincero contigo mismo, en ningún caso quiero que pienses que has de dejar de hacer lo que haces.

Mi intención es hacerte ver que si tienes tiempo para tantas cosas importantes, también puedes encontrar unos minutos de esas 8 horas que quedan por ahí, para seguir **atendiendo a lo más valioso que existe en este mundo que eres TÚ y tu desarrollo personal.**

¿Me quieres decir que de los 480 minutos restantes no tienes 30 minutos para ti? **¡Eso es que no lo quieres de verdad! ¡No es cuestión de falta de tiempo, es cuestión de falta de deseo verdadero!** Si quieres algo, encuentras el tiempo, te organizas.

EL TIEMPO QUE INVIERTES EN TI, ES UN REFLEJO DE LO QUE TE VALORAS.

Si has leído este libro o la trilogía completa ***Acaricia tu mundo*** creo que estás interesado en tu bienestar y crecimiento, por eso, te mando unas palabras de ánimo para que continúes tu proceso.

¡Hay tantas actividades que puedes realizar… que te van a dar satisfacción y te pueden ayudar a descubrir lo valioso que eres!

Mira, puede que ya hagas alguna de estas, y desde ya ¡te felicito! Puedes pensar en ampliar tu campo. Si eres de los que "no tienen tiempo", ahí va alguna sugerencia para comenzar:

- Meditación.
- Yoga.
- Leer.
- Hacer deporte.
- Tai-chi.
- Apuntarte a algún curso.
- Relajación.
- Buscar un especialista para que te ayude a sacar lo mejor de ti.

Has de encontrar tu camino, todos son válidos, lo importante es que lo busques.

¡SI QUIERES CAMBIAR TU REALIDAD EXTERNA, PRIMERO CAMBIA TU REALIDAD INTERNA!

¡HAZ LO QUE QUIERAS CUANDO QUIERAS, HAZ ALGO!

> *"Cuando estás inspirado por algún gran propósito, por algún extraordinario proyecto, los pensamientos rompen las barreras; la mente trasciende sus limitaciones, la conciencia se expande en todas direcciones y te encuentras en un nuevo mundo maravilloso. Las fuerzas, las facultades y los talentos dormidos cobran vida. En ese momento te das cuenta de que eres mucho más grande de lo que jamás hubieras soñado".*
>
> Patañjali

Para acabar, amigo caminante, no he podido resistirme a regalarte este fantástico y sabio cuento de Jorge Bucay.

"EL ESCRITOR Y LAS ESTRELLAS DE MAR"

"Había una vez un escritor que vivía a orillas del mar. Todas las mañanas temprano, paseaba por la playa para inspirarse.

Un día caminando por la orilla, vio a lo lejos una figura que se movía como si estuviera bailando. Al aproximase, observó a un joven que se dedicaba a coger estrellas de mar de la orilla y lanzarlas otra vez al mar.

-¿Por qué estás haciendo eso?- preguntó el escritor.

-¿No lo ve?- dijo el joven-. La marea está baja y el sol está brillando. Si las dejo en la arena, se secarán al sol y morirán.

- Pero muchacho, hay miles de estrellas en esta playa, tú devuelves algunas al mar pero nunca tendrás tiempo de salvarlas a todas. ¿Qué sentido tiene?

El joven miró fijamente al escritor, cogió una estrella de mar de la arena, la lanzó con fuerza por encima de las olas y exclamó:

- Para ésta... sí tiene sentido.

Aquella noche el escritor no tuvo inspiración para escribir, tampoco logró dormir bien. Por la mañana corrió a la playa, aguardó al joven y junto con él comenzó a devolver estrellas al mar".

9

VALIENTE RECOMENDACIÓN

Amigo caminante, este es el último capítulo en el que vamos a estar unidos por unas páginas… aunque ya sabes que puedes seguirme en mis redes sociales y en mi página web.

"¡A lo que iba!", hemos compartido muchos momentos… Momentos en los que has pensado que el libro era denso, momentos en los que has descubierto algo que te ha impactado, momentos en los que ha saltado la chispa dentro de ti, momentos en los que un cuento te ha mandado una ráfaga de luz, momentos…

Espero de corazón que este libro te haya ayudado de verdad tanto a ti como, a través de ti, a multitud de personas que forman parte de eso a lo que llamamos VIDA.

Somos mucho más que palabras aunque son ellas las que expresan nuestro interior.

> *"Cuida tus pensamientos, porque se convertirán en palabras. Cuida tus palabras, porque se convertirán en actos. Cuida tus actos, porque se convertirán en tus hábitos. Cuida tus hábitos, porque se convertirán en tu destino".*
>
> Mahatma Gandhi

Somos lo que pensamos que somos, somos lo que nos decimos, somos las palabras que ponemos en nuestros labios.

Si ponemos las palabras adecuadas, cambiará lo que decimos y cambiarán nuestros pensamientos.

¡LAS PALABRAS CAMBIAN VIDAS!

¡Cambia TU VIDA YA! ¿A qué estás esperando?

¿Quieres que te acompañe? ¡Cuenta conmigo!

Aunque el libro se acabe aquí, tu paseo por el mundo de las palabras sigue adelante. **El camino es tan largo como tú lo quieras hacer…**

Puede que nos encontremos en algún bonito recodo o refrescando nuestros pies en un tranquilo riachuelo, yo también sigo mi camino.

Para esos momentos de descanso, serenidad y paz o para esos momentos de estrés, nerviosismo o que no sabes qué decir te regalo **una valiente recomendación** en forma de cuento.

Es la guinda de todo lo que has aprendido. ¡Es un enorme tesoro! ¡Guárdalo con sumo cuidado!

"LOS TRES FILTROS"

"Un día, un conocido se encontró con el gran filósofo Sócrates y le dijo:

- Maestro ¿Sabes lo que escuché acerca de tu amigo?

- Espera un minuto- replicó Sócrates. Antes de decirme nada, quisiera que pasaras la prueba de los tres filtros a lo que vas a decirme.

- Primero el filtro de la verdad ¿Estás absolutamente seguro de que lo que vas a decirme es cierto?

- No, realmente solo escuche sobre eso y....

- Esta bien- dijo Sócrates-, entonces realmente no sabes si es cierto o no.

- Ahora permite aplicar el segundo filtro, el filtro de la bondad. ¿Es algo bueno lo que vas a decir de mi amigo?

- No, por el contrarió....

- Entonces, deseas decirme algo malo sobre él, pero no estás seguro de que sea cierto...

Pero podría querer escucharlo porque queda un filtro: **el filtro de la utilidad.**

- ¿Me servirá de algo saber lo que vas a decirme de mi amigo?

- No, la verdad que no....

- Bien, concluyó Sócrates, si lo que deseas decirme no es cierto, ni bueno e incluso no es útil ¿Para que querría saberlo?

TERCERA PARTE

CUADERNO PERSONAL

10

MI CUADERNO DE PALABRAS

Amigo caminante, te invito a que en este cuaderno vayas anotando y guardando **tus experiencias con las palabras**.

A lo largo del libro te he ido sugiriendo que realices alguna actividad o ejercicio y este es tu lugar para recopilarlo. Cuando quieras puedes acudir a él para realizar una lectura y saborear tus palabras llenas de vida.

Lo tienes organizado por capítulos en el mismo orden que están en el libro. De esta manera te será más práctico.

¡Adelante! ¡Aprovecha esta oportunidad para hacerte más consciente de tus palabras!

¡ERES EL DUEÑO DE TUS PALABRAS!

NO TE RINDAS.
Mario Benedetti

No te rindas, aún estás a tiempo
de alcanzar y comenzar de nuevo,
aceptar tus sombras, enterrar tus miedos
liberar el lastre, retomar el vuelo.

No te rindas que la vida es eso,
continuar el viaje
perseguir tus sueños,
destrabar el tiempo,
correr los escombros y destapar el cielo.

No te rindas, por favor no cedas,
aunque el frío queme,
aunque el miedo muerda,
aunque el sol se esconda y se calle el viento,
aun hay fuego en tu alma
aun hay vida en tus sueños,
porque la vida es tuya y tuyo también el
deseo,
porque lo has querido y porque te quiero.

Porque existe el vino y el amor, es cierto,
porque no hay heridas que no cure el
tiempo,
abrir las puertas quitar los cerrojos,
abandonar las murallas que te protegieron.

Vivir la vida y aceptar el reto,
recuperar la risa, ensayar el canto,
bajar la guardia y extender las manos,
desplegar las alas e intentar de nuevo,
celebrar la vida y retomar los cielos.

No te rindas por favor no cedas,
aunque el frío queme
aunque el miedo muerda,
aunque el sol se ponga y se calle el viento,
aún hay fuego en tu alma,
aún hay vida en tus sueños,
porque cada día es un comienzo,
porque esta es la hora y el mejor momento,
porque no estás sola,
porque yo te quiero.

EL PODER DE LAS PALABRAS

Recuerda y escribe esas **PALABRAS MÁGICAS** que te han acompañado en tu vida y te han hecho avanzar en tu camino, superarte y crecer.

2

MÁS ALLÁ DEL LENGUAJE

OMISIONES.

Omisiones simples, omisiones comparativas, falta de índice referencial y verbo no especificado.

Anota alguna situación en la que te has encontrado y has tenido que utilizar las preguntas del metalenguaje para **indagar sobre información incompleta** que te estaban dando.

3

CONCRETANDO EL LENGUAJE

GENERALIZACIONES.

1. **CUANTIFICADORES UNIVERSALES.**

Todos, siempre, nunca, ninguno, nadie, jamás...

Reflexiona y escribe algunos de los **cuantificadores universales que utilizas**. Anota la oración completa en la que los has utilizado.

2. **OPERADORES MODALES DE NECESIDAD.**

Tengo que, tendría que, debería, debo, es necesario que.

Piensa y anota esas **situaciones en las que te dices a ti mismo cualquiera de estas expresiones.** Usa el metalenguaje- las preguntas- para indagar nuevas posibilidades y no sentirte tan limitado.

3. **OPERADORES MODALES DE POSIBILI-DAD.**

No puedo, soy incapaz de, es imposible, no consigo.

Identifica en qué ocasiones **en tu diálogo interno te dices estos operadores tan limitantes** y no dudes en echarlos fuera de tu vida.

4

ENFOCANDO EL LENGUAJE

DISTORSIONES

1. NOMINALIZACIONES.

Identifica y pon por escrito las veces que en tu lenguaje **has cambiado un verbo por un sustantivo y hace que te paralices**.

2. **CAUSA-EFECTO.**

Identifica esas ocasiones en que **le das poder al otro sobre ti.** Intenta cambiar tu percepción de la situación mediante el metalenguaje.

3. **LECTURA DE LA MENTE.**

Anota esas **"adivinaciones"** que haces de las personas.

Anota las "adivinaciones" que los demás tienen que saber de ti.

4. **PRESUPOSICIONES.**

Piensa y descubre en ti **las veces que has utilizado** una presuposición y, sobre todo, las ocasiones que al utilizarla **has podido ofender** o dañar al otro.

5. **EQUIVALENCIA COMPLEJA.**

Recuerda y apunta las ocasiones en que utilizas una equivalencia compleja **para hablarte a ti mismo y en las conversaciones que mantienes con las personas.**

5

PALABRAS MÁGICAS

---

1. **NUESTRO GRAN CONOCIDO Y LLAMATIVO "NO".**

Reflexiona y anota cuando **"te pilles"** utilizando **esta palabra** y también apunta alguna situación en la que tú has escuchado ese "no" dirigido a ti.

2. **POR QUÉ vs PARA QUÉ.**

Escribe cuál ha sido el resultado al cambiar una pregunta por la otra. ¿Cómo ha reaccionado la persona a quién iba dirigida la pregunta? ¿Cómo ha sido la respuesta que te ha dado?

Además de estas preguntas puedes escribir todo lo que a ti te ayude. ¡Es tu cuaderno!

6

PALABRAS ESPECIALES

1. CORRECTO-INCORRECTO

Piensa y escribe si utilizas muy a menudo en tu vocabulario estas palabras y **cámbialas por "funciona" o no "funciona para mí".**

2. **PERO**

¡Tenemos mucha tarea por delante!. Ya sabes lo que tienes que hacer. Los cambios los has de hacer paso a paso, con constancia.

3. **MAÑANA**

Haz una lista de las cosas que has ido retrasando en tu vida. ¡Prioriza! Márcate objetivos realistas y que estén "al alcance de tu mano".

4. **INTENTARÉ...**

Te invito a que hagas un listado y cambies los "intentaré" por **"lo hago ahora".** Sobretodo los que utilizas para **posponer tu crecimiento personal.**

213

5. **GRACIAS**

Haz una lista **de todo por lo que puedes dar gracias**: personas, cualidades, valores, vivencias, actividades y… sobretodo por disfrutar de cada nuevo día.

GRACIAS

Escribe una **carta de gratitud** a una persona de tu pasado o de tu presente que haya o esté influyendo positivamente en tu vida.

6. **PERDÓN**

Anota **a qué personas les pedirías perdón** y por qué motivo.

¿Tienes algo en tu pasado que necesitas perdonarte?

¿Hay algo en tu presente que no te deja avanzar y necesitas reconciliarte con ello?

PERDÓN

Puedes escribir **una carta** a una persona que quieras **pedirle perdón**.

7. **VERBO SER**

Ve anotando las veces que utilizas el **verbo SER de forma inapropiada**. Busca la manera más adecuada para expresar lo que quieres sin utilizarlo.

Localiza en tu lenguaje **los juicios** que has emitido, utilizando el verbo ser, sobre alguna persona y los cambies por expresiones más concretas y que no dañen su identidad.

8. **Y SI ADEMÁS...**

Anota las victorias que vas obteniendo cambiando el "pero" por el "y si además...".

Sigue "al pie del cañón" en tu batalla contra los "peros".

9. **PREGUNTAS ENFOCADAS A LO POSITIVO...**

Escribe el antes y el después de la situación que te bloqueaba, la solución y tu estado emocional.

CUENTO SIN "U"

Escribiendo sin "u"
puedo hablar hasta de mi cansancio,
de lo mío, del yo,
de lo que tengo,
de lo que me pertenece...
Hasta puedo escribir de él,
de ellos
y de los demás.
Pero sin "u"
no puedo hablar de lo suyo,
de lo tuyo,
ni siquiera de lo nuestro.
Así me pasa...
A veces pierdo la "u"...
y dejo de poder hablarte,
pensarte, amarte, decirte.
Sin "u", yo me quedo pero tú desapareces...
Y sin poder nombrarte,
¿como podría disfrutarte?
Como en el cuento... si tú no existes
me condeno a lo peor de mí mismo
reflejándose eternamente
en el mismo,
mismísimo,
estúpido
espejo.

Jorge Bucay

¡GRACIAS!

Amigo caminante,

GRACIAS por **ACARICIAR tus PALABRAS** a través de este libro.

GRACIAS por creer que con tus palabras tienes el poder de curar o herir, de transformar o destruir y has elegido crecer y mejorar otras vidas. Ten presente en tu memoria este gran consejo de Oliver W. Holmes: **"Talla cada palabra antes de dejarla caer"** y si no es así… el **silencio es un buen compañero de camino.**

De ti depende que las personas que **COMPARTEN** tu vida cambien porque **tus palabras tienen un poder transformador.**

¡ESTÁS LLAMADO A PASAR POR ESTE MUNDO DEJANDO HUELLAS Y NO CICATRICES!

GRACIAS por ser constante en la lectura del libro -si estás leyendo esto es porque has llegado hasta el final-. Deseo de todo corazón que haya sido un estímulo para tu crecimiento personal. Pero ten presente que has de **pasar a la acción**, es decir, **practicar y practicar** si realmente quieres que tus deseos de cambio se hagan realidad.

Ya sabes, **"QUE EL PRIMER PASO NO TE LLEVA A DONDE QUIERES IR, PERO TE SACA DE DONDE ESTÁS"**.

GRACIAS por seguir conmigo hasta el final del libro, significa mucho para mí. Quiere decir que mi deseo de que las personas podemos cambiar para cambiar el mundo y ser felices se ha hecho real en ti. **Estás a un paso de transformar la realidad** de otras muchas personas que confían en ti.

¡GRACIAS, AMIGO CAMINANTE!

INVITACIÓN

Antes de despedirme, quiero invitarte a que **COMPARTAS** todo lo que has aprendido y vivido con la lectura de este libro con todas esas personas que conoces.

Puede que no estén en el mismo proceso personal que tú, ya sabemos que cada uno de nosotros partimos de lugares diferentes y que lo importante es caminar, avanzar.

¡Quién sabe cuánto les puede ayudar este libro en su camino personal! ¡Compártelo! Cuantos más caminantes creamos en la posibilidad de que podemos ser plenamente felices, mejor que mejor.

¡COMPARTE tu nueva realidad!

¡CUÉNTAME QUÉ TE HA PARECIDO EL LIBRO!

Me gustaría contar con tu opinión.

¿Qué te ha parecido?¿Lo has notado cercano?¿Te ha resultado ameno?

Pretendo que, quien lo tenga en sus manos, pueda decir que lo ha sentido como propio y dirigido especialmente a él.

Aunque, sobretodo, me interesa saber si te ha ayudado en tu crecimiento personal. ¿En qué aspectos te ha ayudado más. **¡Cuéntame tu experiencia personal de crecimiento!**

¡GRACIAS!

Si no tienes inconveniente en salir en las redes sociales, puedes enviarme una foto con el libro. Si no es así, envíame solamente tu experiencia al siguiente email:

esperanzasebastianlozano@gmail.com

Y ADEMÁS...

Lain García Calvo es el autor de la saga *LA VOZ DE TU ALMA.* Es el líder más influyente en el campo del Crecimiento Personal, Espiritual y Económico del mundo en habla hispana.

Fundador del evento **¡VUÉLVETE IMPARABLE!,** al que acuden personas de más de 20 países diferentes.

El mensaje de Lain es auténtico: *"Encuentra tu **propósito de vida** y ponlo al servicio de la humanidad. Vinimos aquí para ayudar a los demás, pero para ello, primero debemos ayudarnos a nosotros mismos.*

*Hazte **grande**, ensánchate, atrévete a **brillar**; y cuando estés arriba ayuda a tus hermanos a subir".*

Yo ya tenía claro mi propósito de vida, pero él fue quien me dio el "empujoncito" para ponerlo al servicio de la humanidad. Gracias a él, tienes entre tus manos este libro que acabas de leer y los otros dos restantes que forman la trilogía **ACARICIA TU MUNDO.** Te estoy dando lo mejor de mí para ayudarte a subir.

Creo que se ha cumplido en mí el proverbio Zen: ***"Cuando el alumno está preparado, aparece el maestro".***

¡Gracias Lain, por hacer posibles mis sueños!

SÍGUEME EN MIS REDES SOCIALES:

 www.esperanzasebastian.com

 esperanzasebastianlozano@gmail.com

 Esperanza Sebastián Lozano

 Esperanza Sebastian- Acaricia tu mundo

 esperanzasebastianlozano